악의 꽃

악의 꽃

샤를 보들레르 지음
박효은 옮김

청담출판사

차례

파리의 정경 Tableaux Parisiens

술 La Vin

악의 꽃 Fleurs du Mal

반항 Révolte

죽음 La Mort

출판 금지된 시들 Pièces condamnées

일러두기

1. 『악의 꽃』은 주요한 세 판본이 있는데, 초판본(1857)은 「파리의 정경」부가 빠진 5부 구성에 시 100편으로 이루어져 있으며, 2판(1861)은 총 6부 구성으로 초판에서 출판이 금지된 시편 6편이 빠지고 새로운 시 32편이 더해진 시 126편으로 이루어져 있다. 이 시집은 1861년에 발행된 2판을 기준으로 삼되, 초판에서 출판 금지된 시편 6편을 추가한 판본이다.

2. 제목이 없는 시편의 경우에는 독자의 편의를 위해 시의 첫 행을 제목(따옴표로 표시)으로 삼았다.

3. 시인이 원문에서 이탤릭체로 표시한 부분은 고딕체로, 대문자로 단어를 강조한 부분은 볼드체로 처리하였다.

흠 잡을 데 없는 시인
프랑스 문학의 완전무결한 마법사
더없이 아끼고 더없이 존경하는
스승이자 친구

테오필 고티에에게

지극히 겸허한
마음으로

이 병든 꽃들을
바친다.

- 샤를 보들레르

독자에게

우매, 과오, 죄악, 탐욕
우리 영혼을 사로잡고 우리 육신을 괴롭히니,
우리는 스스럼없이 후회를 키우네,
거지들이 자기들 몸에 벼룩을 기르듯이.

우리 죄악은 악착같고, 우리 후회는 나약하니,
우리는 뉘우침의 대가를 두둑이 받고,
흔쾌히 진창길로 되돌아오네,
싸구려 눈물이 그 모든 오점을 씻어주었다 믿으면서.

악의 베갯머리에서 **마왕** [1]**트리스메기스투스**
우리의 도취된 영혼을 가만히 흔들어 달래주니,
우리의 의지라는 귀중한 금속은
이 신묘한 연금술사의 손에 깡그리 증발하네.

줄을 잡고 우리를 흔들어대는 저 **악마**!
추한 것들 속에서도 우리는 매혹적인 것들을 찾아내어,
날마다 **지옥**을 향해 한 걸음씩 내려가네,

---

1 헤르메스 트리스메기스투스는 '세 배로 위대한 헤르메스'라는 뜻으로 고대 이집트 지혜의
신 토트와 그리스 신화의 헤르메스가 결합된 신비로운 존재이다. 연금술, 점성술, 신비주의
등의 창조자로 알려져 있다.

두려움 없이, 악취를 풍기는 저 어둠을 가로질러.

한물간 창부의 혹사당한 젖가슴을
애무하고 빨아대는 저 처량한 난봉꾼처럼,
우리는 지옥으로 가는 길에 슬며시 쾌락을 훔쳐
오래 묵은 오렌지를 짜듯 억세게 쥐어짜네.

빽빽이, 득시글거리는 백만 마리 기생충 같은,
한 무리 **악마들**, 우리 뇌 속에서 진탕 먹고 마시니,
우리가 숨 쉬면, **죽음**이 우리 허파 속으로
보이지 않는 강물처럼, 아득한 비명을 내지르며 흘러내리네.

강간, 독약, 단검, 화마가
우리네 가련한 운명의 별 볼 일 없는 화폭에
제각기 괴이한 그림을 여태 수놓지 못했다면,
아아! 그것은 우리 영혼이 과히 뻔뻔하지 못한 탓이라네.

그러나 자칼, 표범, 암사냥개,
원숭이, 전갈, 독수리, 뱀,
사납게 짖어대고, 울부짖고, 으르렁대며, 앞발을 들고 선,
우리네 추악한 타락의 동물원 속 저 괴수들 가운데,

더 흉측하고, 더 포악하고, 더 야비한 것이 있다네!

그것은 거칠게 행동하지도, 세차게 울부짖지도 않지만,
이 땅을 거뜬히 산산조각내고
하품 한 번으로 이 세계를 집어 삼킬지니.

그것은 **권태**! 눈에는 제멋대로 흘러나온 눈물을 머금고,
후카²를 피워대며 단두대를 갈망하네.
그대는 알리라, 독자여, 저 괴팍한 괴수를,
- 위선적인 독자여 - 나와 닮은 그대여 - 나의 형제여!

---

2 후카(Hookah). 물담배의 일종으로 인도에서 전해졌으며 현재는 주로 중동지역에서 사용된다.

애수와 이상

Spleen et Idéal

1. 축복

전지전능한 힘이 내린 명령에 따라
시인이 이 따분한 세상에 모습을 드러낼 때,
그 어미 겁에 질려 심히 불경스럽게
저를 가여워하는 **신**을 향해 주먹을 부르르 떨며 말하기를,

- "아! 차라리 독사 한 무더기를 낳을 것을,
이 하찮은 것을 키워야 하다니!
덧없는 쾌락의 그 밤을 저주하노라
내 뱃속에 죄의식이 잉태된 그 밤을!

당신은 그 모든 여인들 중에서도 나를 선택했으니,
내 침울한 남편의 환멸을 위함이라,
이 보잘것없는 녀석을, 시시한 연애편지처럼
저 불길 속에 던져버릴 수도 없으니,

나를 짓누르는 당신에 대한 증오를
당신 악의를 드러내는 저주받은 대리자에게 쏟아내고,
이 비루한 나무를 마구 비틀어,
썩은 새순이 돋아나지 못하게 하리라!"

어미는 그렇게 증오의 거품을 삼키고는,

신의 섭리를 깨닫지 못한 채,

게헨나[3] 계곡 저 밑바닥에 제 손으로

어미의 죄악에 바쳐질 화형의 장작을 쌓는다.

허나 한 **천사**의 보이지 않는 보살핌 속에,

가련한 **아이**는 태양에 도취되어,

자기가 먹고 마시는 온갖 것에서

암브로시아[4]와 진홍빛 넥타르[5]를 찾아낸다.

아이는 바람과 노닐고 구름과 이야기 하다가,

노래를 부르며 십자가의 길에서 정진하니,

그의 순례길을 따라가는 **영혼**은

숲 속 새처럼 즐거워하는 그를 보며 눈물짓는다.

아이가 사랑을 주려 하는 이들은 하나같이 그를 두려워하며 지켜보거나,

아니면 온순한 그의 모습에 용기백배하여,

그의 푸념을 듣겠다는 심산으로,

그를 가혹하게 대하며 시험에 들게 한다.

---

3 히브리어에서 유래한 말로, 지옥의 입구 또는 불지옥을 가리킨다.
4 그리스 신화에 등장하는 신들이 먹는 음식.
5 그리스 신화에 등장하는 신의 음료.

그의 입에 들어갈 빵과 포도주에는
더러운 침과 재를 섞어놓고,
그가 만진 것은 호들갑스럽게 내동댕이치며,
그의 발자국을 밟기라도 하면 스스로를 꾸짖는다.

그의 아내는 사람들 앞에서 보란 듯이 소리친다.
"내가 너무나 아름답다며 그이가 나를 추앙하니,
내 고대의 우상 노릇을 하리라,
그리하여 우상들처럼 나도 내 몸에 금칠을 하리라.

나는 감송과 향내와 몰약에,
아첨과 고기와 포도주에 취하리라,
버젓이 웃으며 나를 숭배하는 저 마음속에서
내가 과연 신에 대한 경외심마저 가로챌 수 있는지 알고 싶으니!

그러나 이 불경한 장난질에 진저리가 나면,
가녀리지만 억센 내 손을 그에게 얹으리라.
그러면 하르피아아6의 발톱 같은 내 손톱이
그의 심장까지 뚫고 들어갈 수 있으리라.

파르르 떨며 팔딱대는 한 마리 어린 새 같은

─────────────

6 그리스 신화에 등장하는 괴물로, 얼굴과 몸은 여자이나 날개와 갈고리 같은 발톱을 가졌다고 한다.

저 시뻘건 심장을 그의 가슴에서 뜯어내어,
내가 아끼는 짐승이 배불리 먹도록,
땅바닥에 툭 내던지리라!"

눈부신 왕좌가 보이는 저 **하늘**을 향해,
시인이 담담하게 두 팔을 거룩하게 쳐드니,
그의 명철한 정신은 섬광처럼 널리 펴져나가
그는 미처 성난 사람들의 모습을 보지 못한다.

-"신이시여, 감사하나이다. 당신이 주신 고통은
인간의 더러움을 씻어주는 거룩한 묘약이요,
더할 나위 없는 최고의 영약이라,
강한 자들이 거룩한 쾌락을 받아들일 수 있게 하십니다!

저는 압니다. 저 성스런 **군단**의 축복받은 대열에
당신께서 이 **시인**에게 한 자리 남겨 두셨음을,
또한 당신께서 **좌품천사, 역품천사, 주품천사**[7]의
영원한 연회에 저를 초대해 주셨음을.

저는 압니다. 오직 고통만이 고결한 것임을,
현세도, 지옥도 이 고통만은 물어뜯지 못할 것임을,
또한 제 신비로운 왕관을 엮으려면

---

7 5세기 신학자 디오니시우스가 주장한 '9품 천사론'에 따른 천사의 계급.

온 시간과 온 우주를 부려야 한다는 것도.

허나 고대도시 팔미라의 사라진 보석들도,
미지의 금속도, 바다의 진주도,
비록 당신 손으로 장식한 것이라 해도,
저 눈부시게 빛나는 아름다운 왕관에는 비할 바 없을 것입니다.

저 왕관은 원시의 성스러운 광원에서 퍼낸
오직 순수한 빛으로만 만들어진 것이기에,
인간의 눈은, 제 아무리 찬란하게 빛난다 해도,
그저 부옇고 애잔한 거울일 뿐이기에!"

2. 알바트로스

걸핏하면 뱃사람들은 장난삼아
커다란 바닷새, 알바트로스를 잡는다네.
거친 소용돌이 위를 미끄러져가는 배를 뒤쫓는
저 게으른 길동무들을.

뱃사람들이 바닥에 내려놓자,
이 푸르른 창공의 왕들, 낯설고 부끄러워,
커다랗고 하얀 날개를
노처럼 옆구리에 처량하게 축 늘어뜨리네.

날개 달린 저 나그네, 얼마나 서투르고 나약한가!
좀 전까지도 그토록 아름답더니, 지금은 얼마나 우스꽝스럽고 볼
품없는가!
어떤 자는 담배 파이프로 부리를 툭툭 치며 희롱하고,
어떤 자는 절름대며, 이제는 날지 못하는 불구자를 흉내 내네!

폭풍우를 넘나들며 궁수를 조롱하는
구름의 왕자를 닮은 저 **시인**,
지상에 유배되어 쏟아지는 야유 속에,
커다란 두 날개는 앞으로 나아가는데 방해만 될 뿐.

3. 비상

연못 위로, 골짜기 위로,
산과 숲과 구름과 바다 위로,
태양을 넘어, 창공을 넘어,
별이 총총 빛나는 둥그런 밤하늘의 경계를 넘어,

내 영혼이여, 너는 날쌔게 움직이며,
물결에 몸을 맡긴 채 가뿐히 헤엄치는 사람처럼,
형언할 수 없는 격한 쾌락에 빠져
저 심원한 무한을 즐거이 누빈다.

이 불온한 나쁜 기운에서 멀리 멀리 날아가,
저 높은 대기 속에서 네 더러움을 씻고,
정결하고 신성한 술을 마시듯,
깨끗한 하늘을 가득 채운 저 밝은 빛을 받아들여라.

흐리멍덩한 삶을 무겁게 짓누르는
권태와 막막한 슬픔을 뒤로 한 채,
힘차게 날개를 펼치고
환히 빛나는 호젓한 들판으로 날아오를 수 있는 자.

종달새처럼 상상력을

저 하늘 위로 마음껏 펼칠 수 있는 자.

- 저 위에서 생을 내려다보며, 꽃들과 침묵하는 것들의 말을

기꺼이 알아듣는 자는 행복할지니!

4. 화답

대자연은 하나의 사원, 거기서는 살아있는 기둥들이
때때로 아리송한 말들을 내뱉고,
인간은 자신을 친근한 눈길로 지켜보는
상징의 숲을 넘어 그곳을 지나가네.

밤처럼 빛처럼 막막한
까마득하고 깊은 조화 속에서,
저 멀리서 한 데 섞이는 길고 긴 메아리처럼
향기와 색깔과 소리가 서로 화답하네.

어린애 살결처럼 순수한 향기들,
오보에처럼 감미롭고 초원처럼 싱그러운 향기들,
- 그리고 또, 문란하고, 호화롭고, 강렬한 향기들.

무한한 것들을 널리 퍼트리며
용연향, 사향, 안식향, 훈향처럼
정신과 감각의 열정을 노래하네.

5. "포이보스가 조각상을 금빛으로..."

포이보스[8]가 조각상을 금빛으로 물들이며 흐뭇해하던 시절,
나 발가벗고 살던 그 시절을 즐거이 떠올리네.
그 때 남자와 여자는 경쾌하게
거짓도 불안도 없이 그 시절을 누렸고,
사랑에 빠진 하늘은 그들의 등줄기를 어루만지며
고귀한 육신을 건강하게 단련시켜주었네.
풍성하고 넉넉하게 결실을 내어주던 키벨레[9]는
자기 자식들을 귀찮은 짐으로 여기기는커녕,
모두에게 자애를 베풀려는 마음 가득한 암늑대처럼
그 거무스름한 젖꼭지로 온 세상을 배불리 먹였다네.
품위 있고 정력적이며 강건한 사내는
자기를 왕이라 부르는 미녀들을 보며 흡족해할 만했네,
상하지 않고 흠 하나 없이 깨끗하고 순수한 열매들,
그 매끈하고 단단한 과육 베어 물어 주기를 재촉했기에!

작금에 **시인**이
남자의 알몸과 여자의 알몸을 볼 수 있는 곳에서
저 타고난 고귀함을 떠올리려 들면,

---

8 태양신 아폴론의 별명. '빛나는 자'라는 뜻을 담고 있다.
9 그리스 신화에 등장하는 대지의 여신.

두려운 것들로 가득한 저 불길한 그림 앞에

캄캄한 한기가 자기 넋을 둘러싸고 있음을 느낀다네.

오, 옷을 달라고 울부짖는 망측함이여!

오, 우스꽝스러운 몸뚱이여! 오, 가려야 마땅한 가슴통이여!

오, 꾸부정하거나, 비쩍 마르거나, 퉁퉁하거나, 축 처진 저 가련한 육신,

준엄하고 침착한 **쓸모**의 신은

어린 것들을, 제 청동 배내옷으로 칭칭 감싸 놓았다네!

그리고, 아아! 너희들, 양초처럼 창백한 여인들이여,

음탕함에 잠식되면서도 그것으로 살아가는 너희, 처녀들이여,

어미로부터 물려받은 악덕과

출산의 온갖 흉측한 것들을 달고 살아가는 이들이여!

정말이지, 우리는 타락한 종족,

옛 종족들에게는 없는 아름다움을 지녔다네.

마음의 탐욕으로 차츰 망가진 얼굴들,

그리고 우울의 아름다움이라고들 하는 그런 것들을.

허나 우리 게으른 뮤즈들의 이런 간계도

병든 종족들이 청춘에게

진심어린 찬사를 보내는 것은 결코 방해할 수 없으리.

- 고결한 젊음에, 순박한 풍모에, 유순한 이마에,

흐르는 물처럼 맑고 깨끗한 눈동자에,

하늘의 푸름처럼, 꽃들과 새들처럼,

그 향기, 그 노래, 그 기분 좋은 온기를
온갖 것들에 무람없이 퍼뜨리는 저 청춘에게!

6. 등대들

루벤스, 망각의 강, 나태의 정원,
생생한 육신의 베개, 사랑할 수 없는 곳,
허나 생명이 들이닥쳐 끊임없이 꿈틀거리는 곳,
하늘의 공기처럼 바다의 물결처럼.

레오나르도 다빈치, 심연의 어두운 거울,
감미로운 미소 띤 매혹적인 천사들이,
신비에 휩싸여, 그네들 세상을 둘러싼
빙하와 소나무 그늘 아래에서 나타나네.

렘브란트, 앓는 소리 가득한 음울한 병원,
오직 거대한 십자가만이 덩그러니 걸린 그곳,
악덕의 수렁에서 눈물겨운 기도 터져 나오면,
불현듯 스며드는 한 줄기 겨울 햇살.

미켈란젤로, 연기처럼 흐릿한 어딘가, 헤라클레스 군단과
그리스도 군단이 한 데 어우러져, 우뚝 서 있는 그곳
그리고 어슴푸레한 박명에 손가락을 쭉 뻗으며
자기 수의를 찢는 유령들.

권투선수의 분노, 야수의 뻔뻔함,

천한 것들의 아름다움을 그러모을 줄 아는 그대,

오만으로 부푼 호방한 마음, 나약하고 미숙한 사내,

그대 퓌제[10], 갤리선 노예들의 음울한 황제.

와토[11], 호화찬란한 수많은 이들이,

부나비처럼 불타며 노니는 카니발,

광휘로 번쩍이는 산뜻하고 가벼운 장식들

빙글빙글 돌아가는 무도회에 격정을 더하네.

고야, 생경한 것들로 가득 찬 악몽,

안식일 중에 삶아지는 태아들,

거울 보는 노파들, 그리고 발가벗은 계집애들,

악마를 유혹하려 긴 스타킹 매무새를 가다듬네.

들라크루아, 사악한 천사들 출몰하는 피바다,

사철 푸른 전나무 숲 그늘 드리운 그곳,

슬픔에 잠긴 하늘 아래, 기묘한 곡조

베버[12]의 갑갑한 한숨처럼 지나가네.

---

10 피에르 퓌제(Pierre Puget), 17세기 프랑스 조각가. 바로크 양식의 조각 작품을 제작한 그는 평생 동안 억압된 사람들, 불운한 사람들, 또는 죄수들을 주제로 삼아 작업했다.

11 장 앙투안 와토(Jean-Antoine Watteau), 프랑스 화가. 로코코 양식의 대가 중 하나로 평가된다.

12 카를 마리아 폰 베버(Carl Maria von Weber), 독일 낭만파 작곡가. 보들레르는 『악의 꽃』에 수록된 시들을 창작할 때, 베버의 오페라에서 음악적 영감과 위안을 받았다고 한다.

이 저주들, 이 불경들, 이 탄식들,
이 도취들, 이 비명들, 이 눈물들, 이 찬미의 노래들,
수천의 미로에서 메아리로 되풀이되니,
필멸의 존재들을 위한 거룩한 아편이라!

그것은 수천의 파수꾼들이 끊임없이 내지르는 외침,
수천의 연락병이 보내는 명령.
수천의 요새에서 빛나는 등대 하나,
깊은 숲 속 길 잃은 사냥꾼들의 부르짖음!

주여, 이것은 진정,
우리의 존엄을 내보일 수 있는 최고의 증거
그것은 오랜 세월 도도히 흐르고 흘러
영원불멸한 당신 곁에서야 사그라질 것이기에!

7. 병든 뮤즈

아, 내 가여운 뮤즈여! 오늘 아침 무슨 일인가?
그대 움푹 꺼진 두 눈 어젯밤 환영으로 가득하고,
차갑고 묵묵한 광기와 공포
그대 얼굴에 하나하나 스쳐가네.

시퍼런 음란마귀와 분홍빛 도깨비가
그네들 항아리에서 두려움과 사랑을 그대에게 쏟아 부었나?
제멋대로 사납게 주먹질 하는 악몽이
그대를 고대 도시 민투르노 구석으로 몰아넣었나?

바라건대, 활력의 향기를 내뿜는
그대 가슴이 언제나 강렬한 상상으로 가득하기를,
그대 신실한 피가 맥동하며 흐르기를,

노래의 창조자 포이부스와 수확의 신 위대한 판이
번갈아 지배하는
고대 음절들의 수많은 소리들처럼.

8. 자기를 파는 뮤즈

오, 내 마음의 뮤즈여, 궁전을 꿈꾸는 이여,
그대여, 1월이 북풍의 신 보레아스 군단을 보내고,
눈 내리는 저녁, 권태로운 어둠이 깃들 때,
퍼렇게 질린 그대 두 발을 덥힐 장작불을 피울 수 있는가?

그리하여 대리석처럼 얼어붙은 그대 어깨가
덧창으로 스며드는 저녁 빛 아래 다시 생기를 찾을 수 있는가?
그대 지갑이 그대의 궁전처럼 텅 비었다 느낄 때,
푸르른 하늘에서 황금을 따올 수 있는가?

그대는 날마다 저녁의 빵을 벌어야 하니,
성가대 소년처럼 향로를 흔들거나,
그대가 믿지도 않는 찬미의 노래를 불러야 하리라.

그것도 아니라면, 보잘 것 없는 이들을 웃게 하기 위해
굶주린 어릿광대처럼 너스레를 떨며,
남몰래 눈물을 훔치고 웃음을 팔아야 하리라.

9. 형편없는 수도자

거대한 성벽 위에 세워진 옛 수도원들은
신성한 **진리**를 그림으로 펼쳐 보였네.
그것은 신심으로 가득한 마음 깊은 곳 따뜻하게 덥혀,
엄격한 신앙의 냉기를 누그러뜨렸네.

그리스도가 뿌린 씨앗이 꽃을 피우던 그 시절,
이제는 잊혔으나 한때는 이름을 떨쳤던 많은 수도자들은,
장례터를 일터 삼아,
소박하게 **죽음**을 기렸네.

- 내 영혼 하나의 무덤이니, 형편없는 수도자여,
나 그곳에서 영겁의 세월을 돌아다니며 살았으되,
이 흉측한 수도원 벽들 조금도 아름답게 하지 못했노라.

오, 게으른 수도자여! 대체 나는 언제쯤
내 비참한 고통의 생생한 광경을
내 손으로 그리고 내 눈으로 사랑할 수 있을런가?

10. 적(敵)

내 청춘은 그저 암담한 폭풍우였을 뿐,
여기저기 찬란한 햇빛 스며들었어도,
천둥과 빗줄기 그처럼 휘몰아치니,
내 정원에 붉은 열매 거의 남아 있지 않네.

나 이제 상념의 가을에 이르렀으니,
삽과 쇠스랑을 손에 들고
빗물에 패여 무덤처럼 커다란 웅덩이가 된
저 물에 잠긴 땅을 다시 일구어야 하리.

그 누가 알랴, 내가 꿈꾸는 새뜻한 꽃들이
모래사장처럼 말끔히 씻긴 이 땅 속에서
자신을 싱그럽게 키워줄 신비로운 자양분을 얻게 될지?

- 오, 서럽고 서러워라! **시간**은 생을 좀먹고,
우리 마음을 갉아먹는 음침한 **적**은
우리가 흘리는 피를 먹고 자라며 갈수록 사나워지누나!

11. 불운

이토록 무거운 짐을 들어 올리려면,
시시포스여, 네 용기가 필요하리라!
사람이 제 아무리 정성과 노력을 다한들,
예술은 길고 **시간**은 짧다.

이름난 이들의 무덤에서 멀리 떨어진
외딴 묘지를 향해,
내 심장은, 마치 둔탁한 북소리처럼,
장송행진곡을 쳐댄다.

수많은 보석들이
어둠과 망각 속에 잠들어 있다.
곡괭이 닿지 않고 깊이를 알 수도 없는 곳에.

수많은 꽃들이
마치 비밀처럼 서럽게 향내를 풍긴다.
저 아득한 고독 속에서.

12. 전생

나 오랫동안 드넓은 회랑 아래 살았다네.
바다햇살에 천 가지 불빛으로 물들고,
거대한 기둥, 꼿꼿하고 장대하여,
저녁이면 현무암 동굴처럼 보였던 그곳에서.

하늘의 정경을 비추는 넘실대는 너울은
장엄하고도 신비로워,
다채로운 음악이 자아내는 전능한 화음을
내 두 눈에 비친 석양빛에 섞어놓았지.

바로 거기에서 나 평온한 쾌락 속에 살았으니,
푸른 하늘과 파도와 광휘
향내에 푹 절은 벌거벗은 노예들 날 둘러싸고,

야자수 잎사귀로 내 얼굴 식혀주었지만,
그 각별한 보살핌 외려 더욱 깊어지게 했을 뿐
나를 시들게 했던 쓰라린 비밀을.

13. 길 위의 집시들

불타는 눈동자를 가진 예언자 무리
어제 길 위에 나섰네, 어린 것들을
등에 들쳐 업고, 그것들의 지독한 식탐을
축 늘어진 젖가슴에 늘 마련되어 있는 보물로 채워주면서.

반들반들한 무기를 지고 걸어가는 사내들
자기 식솔들이 웅크리고 있는 짐수레를 따라가며
사라진 환상들을 침울하게 한탄하고,
무거워진 두 눈으로 하늘을 바라보네.

구석진 모랫바닥에서, 귀뚜라미는
그들이 지나가는 모습을 보며 목청 높여 노래하네.
그들을 사랑하는 대지의 어머니 키벨레는 초목을 자라게 하고,

바위산을 주저앉히며, 사막에 꽃을 만발케 하니
이 나그네들 앞에 활짝 열린 것은
알 수 없는 미래의 낯익은 세계.

14. 인간과 바다

자유로운 인간이여, 그대는 언제나 바다를 지극히 사랑하리라!
바다는 그대의 거울, 그대는 그대 영혼을
한없이 펼쳐지는 파도 속에서 바라보니,
그대 마음 그 못지않게 쓰라린 깊은 심연이다.

그대는 그대 형상 한 가운데로 빠져들기를 즐거이 여겨,
그대 두 눈과 두 팔로 끌어안으니, 그대 마음은
때로 길들여지지 않은 야생의 탄식이 내뱉는
웅성거림을 외면한다.

인간과 바다는 둘 다 어둡고 눈에 띄지 않는다.
인간이여, 아무도 그대 심연 얼마나 깊은지 헤아린 적 없고,
오, 바다여, 아무도 그대 내면 얼마나 풍성한지 알지 못하니,
저마다 그렇게 제 비밀을 지키려 애쓰는구나!

허나 수많은 세월 동안
인정사정없이 싸워왔던 그대들,
그토록 살육과 죽음을 사랑하는구나,
오, 영원한 투사들이여, 오, 비정한 형제들이여!

15. 지옥에 떨어진 동 쥐앙(Don Juan)

저승의 강으로 떨어진 동 쥐앙,
카론[13]에게 뱃삯을 주니,
한 침울한 걸인, 안티스테네스[14]같은 오만한 눈과,
복수에 불타는 억센 팔로 노를 잡았네.

풀어헤쳐진 헐렁한 옷 사이로 축 늘어진 가슴을 드러낸
여인들은 캄캄한 저승에서 몸부림치며,
희생 제물로 바쳐지는 짐승 떼처럼,
그의 뒤에서 긴 울음을 울었네.

스가나렐[15]이 벙글거리며 동 쥐앙에게 품삯을 내놓으라 하니,
동 루이[16]는 떨리는 손가락으로
강변을 헤매는 모든 망자들이 보도록
자기 허연 백발을 비웃던 되바라진 아들을 가리켰네.

---

13 그리스 신화에 등장하는 저승의 신. 카론은 이승과 저승의 경계인 스틱스 강을 건너게 해
주는 지하세계의 뱃사공으로, 그의 배를 타고 저승으로 가려면 망자는 반드시 그에게 뱃삯
을 내야만 한다.
14 고대 그리스 철학자로 금욕주의와 절제를 강조했다.
15 동 쥐앙의 시종.
16 동 쥐앙의 아버지.

그의 죽음을 슬퍼하며 몸을 떨던 정숙하고 가녀린 엘비르[17],
한때 자기 연인이었던 바람둥이 남편 곁에서,
처음 사랑의 맹세를 할 때 지었던 감미로운 그 미소
마지막으로 지어 달라 하는 듯했네.

갑옷을 입고 우뚝 선, 커다란 석상의 기사
방향키를 잡고 검은 물결을 가르며 나아갔네.
허나 이 침착한 영웅, 제 장검을 짚고 서서,
배가 지나온 길을 물끄러미 바라볼 뿐, 그 무엇도 거들떠보지 않
았네.

---

17 동 쥐앙의 아내.

16. 교만에 대한 벌

저 경이롭던 시절, **신학**이

더없이 활기차고 생기 있게 꽃을 피우던 시절,

사람들이 말하기를, 어느 날 한 훌륭한 신학자가,

- 냉담한 이들의 마음을 얻어,

어두운 심연 속에 있는 그들을 감화시키고,

천상의 영광을 향해

자기 자신도 알지 못하는 신비한 길들을 넘어갔는데,

그곳은 오직 순수한 **영(靈)들**만이 가닿을 수 있었으니-

그는 너무 높은 곳에 올라 넋이 나간 사람처럼,

마귀 같은 교만에 빠져 외쳤노라.

"예수님, 아기 예수님! 나 당신을 저 높은 곳으로 올렸으되!

나 보호막 없는 당신을 공격하려 했다면,

당신 치욕은 당신 영광 못지않았으리라.

그리하여 당신은 그저 하찮은 태아에 지나지 않았으리라!"

그러자 그의 이성이 사라졌네.

저 옅은 햇빛 구름에 가려지고,

온갖 혼란이 그의 머릿속을 뒤흔들었으니,

한 때 질서와 풍요가 가득했던 활기찬 신전,

그 천장 아래, 그토록 장중한 의식이 치러졌거늘.

이제는 열쇠가 사라진 지하실처럼
고요와 어둠이 그 안에 자리 잡았네.
그리하여 그는 거리를 떠도는 짐승의 꼴을 하고
아무것도 눈에 담지 못한 채 들판을 지나며
여름인지 겨울인지도 모르고 길을 떠돌았으니,
닳고 닳은 물건처럼 더럽고, 쓸모없고, 추해진 그는
아이들의 웃음거리와 놀림거리로 전락하고 말았네.

17. 아름다움

오, 필멸의 존재들이여! 나, 차가운 몽상처럼 아름다우니
저마다 돌아가며 상처를 입힌 내 가슴,
시인에게 물질계처럼 영원하고 고요한 사랑을
불러일으키기 위해 만들어졌네.

나 수수께끼를 내는 스핑크스처럼 창공에서 군림하네.
나 눈처럼 깨끗한 마음과 백조의 순결을 겸비했네.
나 경계선을 엇나가게 하는 움직임을 싫어하며,
절대로 울지도, 절대로 웃지도 않는다네.

시인들은 가장 영광스러운 기념비 같은
내 고귀한 자태 앞에서
습작을 쓰는데 골몰하며 세월을 보낼지니,

왜냐하면 나, 이 온순한 연인들을 사로잡을 수 있는,
온갖 것들을 더욱 아름답게 만드는 맑은 거울을 지니고 있기에,
그것은 바로 내 눈, 영원히 빛나는 내 커다란 두 눈!

18. 이상

나와 같은 마음 흡족하게 할 수 있는 건,
발에는 장화를 신고, 손가락에는 캐스터네츠를 끼운
저열한 시대에 태어난, 부패한 산물,
화려한 액자 테두리 안의 저 미녀들이 결코 아니리라.

병원에서 좋알대는 저 미녀들 무리는
창백한 시인 가바르니[18]에게 맡겨두겠네.
내가 이상적이라 여기는 붉은색 꽃은
저 파리한 장미들 속에서는 찾을 수 없기에.

심연처럼 깊은 이 마음에 필요한 것은,
바로 그대, 레이디 맥베스, 죄악을 부추기는 영혼,
거센 질풍 속에서 피어난 아이스킬로스[19]의 꿈.

그게 아니라면 바로 너, **찬란한 밤**, 미켈란젤로의 딸,
야릇한 포즈를 하고서 태연스레
티탄족의 입으로 만들어진 네 젖가슴을 비트는 너!

---

18 폴 가바르니(Paul Gavarni), 19세기 프랑스에서 활동한 판화작가이자 수채화가. 여성을
주제로 한 작품을 많이 남겼다.
19 고대 그리스 비극작가로 고대 그리스 3대 비극작가중 한명으로 꼽힌다.

19. 거대한 여자

대자연이 격렬한 열정 속에서
날마다 괴물 같은 아이들을 잉태하던 시절
나 앳되고 거대한 한 여자 곁에서 살고 싶었지.
여왕의 발치에 앉아있는 관능적인 고양이처럼.

나 그녀 몸이 그 영혼과 더불어 활짝 피어나고
무시무시한 능력으로 마음껏 커가는 모습을 보고 싶었지.
또 그 눈에 잠겨 있는 축축한 안개 속에서
그녀 마음에 어두운 불길이 있는지 헤아리고 싶었지.

그 웅대한 몸매를 한가로이 돌아다니고
그 거대한 무릎의 비탈을 기어오르며
때로 여름이면 해로운 태양이

지친 그녀를 저 들판에 길게 드러눕힐 때,
그 젖가슴이 드리우는 그늘 아래 태평하게 잠들고 싶었지.
한가로운 작은 마을 하나 산발치 아래에 잠들듯이.

20. 가면

- 르네상스 풍의 알레고리 조각상

조각가 에르네스트 크리스토프에게

저 우아한 피렌체 풍의 걸작을 감상해보자.
굴곡진 탄탄한 육체에
우아함과 **힘**이 흘러넘치니, 그 둘은 신성한 자매.
저 여인, 진정 기적 같은 작품이니,
성스러울 만큼 강건하고, 추앙받을 만큼 늘씬하여
호화로운 침대 위에 당당하게 자리 잡고
주교며 왕자의 한가로운 시간을 즐겁게 하는구나.

- 게다가 자신을 뽐내며 무아지경에 빠진
저 야릇하고 관능적인 미소는 또 어떤가.
번민에 빠진, 은밀하고 냉소적인 저 아득한 시선.
하늘하늘한 베일에 온통 둘러싸인 저 요염한 얼굴.
그 생김새 하나하나가 우리에게 득의양양하게 말한다.
"**쾌락**이 나를 부르고 **사랑**이 내게 왕관을 씌워주노라!"
넘치는 위엄을 타고난 저 존재에
상냥함이 더해지니 그 매력 한층 더 깊어지누나!
더 가까이 다가가, 저 미인의 주변을 찬찬히 살펴보자.
오, 이것은 예술에 대한 모독! 오, 어찌 놀라지 않을까!

신성한 육체를 뽐내며, 행복을 약속하는 여인,
저 위쪽을 보니 머리가 두 개 달린 괴물이었네!

- 천만에! 그것은 단지 가면일 뿐, 유혹적인 장식일 뿐,
그 얼굴 우아한 표정으로 환히 빛나니,
보라, 여기 끔찍하게 찡그리고 있는
진짜 머리를, 진정한 얼굴을
가짜 얼굴 뒤에 숨긴 채 머리를 뒤로 젖힌
가여운 절세미인이여! 그대 눈물의
장대한 강물이 불안한 내 가슴으로 흘러오니
그대 거짓말 나를 취하게 하고, 내 영혼
그대 두 눈에서 솟구치는 저 **고통**의 물결에 젖어드네!

- 허나 저 여인 어찌하여 울고 있는가?
그녀, 인류를 발아래 굴복시킬 만큼 흠 없는 미인이거늘,
어떤 남모를 아픔이 저 강건한 여인의 가슴 속을 좀먹고 있는가?

저 여인 미친 사람처럼 우네, 이제껏 살았기에!
그리고 지금도 살아 있기에! 허나 그녀가 탄식하는 것은,
무엇보다 두 무릎 덜덜 떨리게 하는 것은,
아아, 바로 내일도 변함없이 살아야 한다는 것!
내일도, 그 다음 날도, 그렇게 영원히! - 우리와 다름없이!

21. 아름다움에 바치는 찬가

그대 아득한 하늘에서 왔는가, 아니면 깊은 연못에서 솟았는가
오, **아름다움**이여! 사악하면서 거룩한 그대 시선,
선행과 악행을 어지러이 쏟아 부으니
그대 가히 포도주와 같다.

그대는 눈 속에 황혼과 여명을 담고
폭풍우 치는 어느 저녁처럼 향기를 흩뿌린다.
그대 입맞춤은 묘약이요, 그대 입은 술 단지라
영웅을 무력하게 하고 애송이를 담대하게 한다.

그대 깜깜한 늪에서 나왔는가, 아니면 별에서 내려왔는가?
미혹된 **운명**은 개처럼 그대 뒤꽁무니를 좇아간다.
그대는 제멋대로 기쁨과 재앙의 씨를 뿌리고
모든 것을 지배하면서 아무것도 책임지지 않는다.

아름다움이여, 그대 망자들 위를 걷는구나, 그들을 비웃으며.
그대 보석들 중 **두려움**은 그 매력 어디에도 뒤지지 않고,
그대 가장 귀한 장신구 중 **살생**은
그대 오만한 배 위에서 미친 듯이 날뛴다.

현혹된 하루살이가 그대, 촛불에게 날아가,

타닥타닥 불타면서 말한다. 이 불꽃에 축복을!

아름다운 애인에 기대 헐떡이는 사내는

자기 무덤을 어루만지는 산송장과도 같으니.

그대 하늘에서 오든 지옥에서 오든, 무슨 상관이랴?

오, **아름다움**이여! 거대하고 무시무시하고 천진난만한 괴물이여!

그대 눈, 그대 미소, 그대 발이

내가 열망하나 결코 가닿지 못한 **무한**의 문을 열어주기만 한다면.

사탄에게서 왔든 **신**에게서 왔든, 무슨 상관이랴? **천사**든 **세이렌**

이든 상관없다. 그대 - 벨벳 같은 눈을 가진 요정이여,

리듬이여, 향기여, 빛이여, 오, 하나 뿐인 나의 여왕이여! -

그대가 세상의 끔찍함을 덜어주고 현재의 무게를 가볍게 해줄 수

만 있다면.

22. 이국의 향기

따스한 가을 저녁, 두 눈을 감고,
그대 젖가슴의 훈훈한 향내 들이마시면,
한결같은 태양빛이 마음을 사로잡는
근사한 해변이 내 눈 앞에 펼쳐지니,

나른한 어느 섬, 그곳에는 자연이 선사하는
색다른 나무들과 먹음직스런 열매들이 있고
늘씬하고 단단한 육체의 사내들과
놀랄 만큼 꾸밈없는 눈의 여인들이 있네.

그대 향기에 이끌려 매혹적인 고장으로 향하니,
바다의 파도에 지칠 대로 지친
돛과 돛대 가득한 항구가 내 눈 앞에 보이고,

바람결에 맴돌며 내 콧속을 가득 채우는,
초록빛 타마린드 나무 향기는
내 마음 속에서 뱃사람들 노래와 어우러지네.

23. 머리칼

오, 목덜미까지 흘러내리는 양털 같이 풍성한 머리칼!
오, 곱슬머리! 오, 나른함을 품은 향기!
황홀하도다! 오늘 밤 어두컴컴한 침실을
저 머리칼 속에 잠들어 있는 추억들로 가득 채우기 위해,
나 손수건처럼 허공에 머리칼을 휘날리리라!

우수에 찬 아시아와 정열적인 아프리카,
간 데 없이 거의 사라져 버린, 머나먼 한 세계가 전부,
네 가장 깊은 곳에 살아 있다, 향기로운 숲이여!
뭇 영혼들이 음악 위를 떠다니듯,
오, 사랑이여! 내 영혼은 네 향기 속에서 부유한다.

나 그곳으로 가리라, 나무와 인간이 생기에 넘쳐,
그 땅의 열기 속에 오래도록 취할 수 있는 곳.
억센 머리채여, 높은 파도가 되어 나를 데려가 다오!
칠흑빛 바다여, 네 품 안에는
돛과 뱃사공과 불꽃과 돛대의 눈부신 꿈이 있으니.

떠들썩한 항구, 거기서 내 영혼이 흠뻑
향기와 소리와 빛깔을 들이마실 수 있고

황금빛으로 일렁이는 물결 위에 미끄러져 가는 커다란 배들은
한없는 열기가 굼실거리는 청명한 하늘의
영광을 끌어안으려 두 팔을 한껏 벌린다.

나 잔뜩 술에 취하고 싶어 하는 내 머리를
또 다른 바다에 둘러싸인 저 검은 바다에 담그리라.
그리하면 좌우로 흔들리는 배가 어루만지는 내 명민한 정신은
너를 찾아낼 수 있으리라, 오, 풍요한 게으름이여,
향기로운 나른함, 그 지극한 위안이여!

푸른 머리칼, 펼쳐진 암흑의 휘장 같은
너는 내게 드넓고 둥그런 하늘의 쪽빛을 보여주니,
구불거리는 네 머리칼의 솜털 언저리에서 풍기는
코코넛 기름과 사향과 타르가 뒤섞인 향기에
나 정신없이 취하고 만다.

오래도록! 영원히! 내 손은 네 묵직하고 탐스런 머리칼 속에
루비와 진주와 사파이어를 흩뿌리리라.
내 욕망에 네가 결코 귀를 닫지 않도록!
너는 내가 갈망하는 오아시스, 그리고
추억의 포도주를 느긋하게 음미할 수 있는 호리병이 아니던가?

24. "나 너를 둥그런 밤하늘만큼 흠모한다"

나 너를 둥그런 밤하늘만큼 흠모한다.

오, 슬픔의 항아리여, 오, 거대하고 고요한 여인이여,

네가 내게서 멀어질수록, 아름다운 여인이여,

내 밤들의 자랑거리인 네가

야속하게도 저 푸른 무한과 내 두 팔 사이의

공간을 넓혀갈수록 나 너를 더욱 사랑한다.

나 공격하듯 앞으로 나아가, 기어올라 덮쳐드니,

시체를 파먹는 구더기 떼와 같구나.

오, 냉혹하고 무정한 이여! 나는 네 차가움조차

지극히 사랑한다, 그럴수록 너는 더욱 아름답게만 보이기에!

25. "그대는 온 세계를 그대 침실에 두려 하니"

그대는 온 세계를 그대 침실에 두려 하니
부정한 여인이여! 권태는 그대 영혼을 잔인하게 만든다.
그대는 선반 위에 날마다 심장을 하나씩 놓아두고
기묘한 유희로 그대 이빨을 단련시킨다.
그대 두 눈 마치 불 켜진 상점처럼,
모두의 축제에서 불타오르는 촛대처럼 환히 빛나건만,
아름다움의 계율은 조금도 알지 못한 채,
거저 얻은 권력을 함부로 휘두른다.

잔혹하기 그지없는 눈멀고 귀 먹은 여인이여!
구원의 도구, 세상의 피를 빨아먹는 이여,
그대 어찌 부끄러움을 모르며, 그대 어찌
수많은 거울 앞에서 그대 매력이 시들어가는 것을 보지 못하는가?
그렇다면 위대한 자연이 그 은밀한 계획 속에서,
그대를 이용하여, 오 여인이여, 오 죄악의 여왕이여,
- 그대라는 비천한 짐승을 이용해 - 한 천재를 빚어낼 때
그대가 잘 안다 믿는 저 거대한 악이
단 한 번도 그대를 두려움에 빠뜨려 움츠러들게 하지 않았단 말
인가?
오, 치욕스런 명예여! 오, 숭고한 수치여!

26. 허나 만족할 줄 모르는(Sed non satiata)

기묘한 여신이여, 밤처럼 거무스름하고
사향과 하바나 시가향이 어우러진 향내 풍기는 그대여,
어느 주술사의 작품이여, 사바나의 파우스트여,
칠흑 같은 마음의 마법사여, 캄캄한 한밤의 아이여,

나 진기한 술보다, 아편보다, 부르고뉴 와인보다,
사랑이 만개하는 그대 입술의 묘약을 더 좋아하네.
그대 향한 내 욕망이 사막의 대상(隊商)처럼 길을 떠날 때
그대 두 눈은 내 권태가 목을 축이는 저수지가 되네.

그 커다란 검은 두 눈, 그대 영혼의 환기창을 통해
오, 무자비한 악마여! 내게 그 연정을 조금만 쏟아다오.
나 스틱스 강[20]이 아니라 그대를 아홉 번 껴안지 못하고,

아아! 나 할 수 없다오, 음탕한 메가이라[21]여,
그대 용기를 꺾고 그대를 궁지로 몰아넣어
그대 침대의 지옥 속 페르세포네[22]가 되는 것도!

---

20 그리스 신화에 등장하는 저승을 아홉 번 휘감아 도는 강. 이승과 저승의 경계를 이룬다.
21 그리스 로마 신화에 등장하는 복수의 여신들인 에리니에스 중 하나.
22 그리스 신화에 등장하는 저승과 식물의 여신. 죽음의 신 하데스에게 납치되어 그의 아내가 된다.

27. "나풀대는 진주빛 옷을 입으면"

나풀대는 진주빛 옷을 입으면

그녀, 걷기만 해도 춤추는 것 같아서,

성스러운 곡예사들이 자기 지팡이 끄트머리로

장단 맞춰 부리는 저 기다란 뱀들 같네.

인간의 고통을 개의치 않는

사막의 황량한 모래와 푸른 하늘처럼

그녀 무심하게 점점 더 커져가네

넘실대는 파도가 긴 그물을 펼치는 듯.

아름다운 광물로 빚어진 반들반들 빛나는 그녀의 두 눈,

기묘하고 상징적인 그 본성 안에서

순수한 천사와 고대의 스핑크스가 어우러지니,

그곳에서 모든 것은 황금이요, 강철이요, 빛이요, 다이아몬드일 뿐,

수태하지 못하는 여인의 서늘한 위엄이

영원토록 빛나네, 쓸모없는 별처럼.

28. 춤추는 뱀

사랑스런 게으른 여인이여, 나 보고 싶네,
　나풀대는 옷감처럼
너무나 아름다운 네 몸의
　반드러운 살결을!

네 풍성한 머리칼에
　알싸한 향기,
향내 나는 변덕스러운 바다의
　푸르고 거무스름한 파도,

아침에 이는 바람에
　잠에서 깨어나는 배처럼,
몽상에 빠진 내 영혼 떠나려하네
　머나 먼 하늘을 향해.

달콤함도 쓰라림도
　아무것도 드러내지 않는 네 두 눈,
황금과 쇠붙이가 섞여 있는
　차디 찬 두 개의 보석.

장단 맞춰 걷는 너를 보면,
　몸을 내맡긴 아름다운 여인이여,
지팡이 끄트머리에서 춤추는
　한 마리 뱀 같네.

네 게으름의 무거운 짐 아래,
　아이 같은 네 머리
어린 코끼리처럼
　기우뚱거리고,

네 육신 몸을 굽히고 길게 드러누우니
　좌우로 흔들리다가
돛의 활대를 물속에 빠뜨리는
　날렵한 한 척의 배 같네.

굉음을 내며 녹아내린 빙하에
　불어난 물결처럼,
네 입안의 침이
　네 이빨 언저리에 차오르면,

나 쌉쌀하고 매혹적인
　보헤미안 와인을 마시는 것 같네,
내 마음을 별들로 수놓는
　저 흘러가는 하늘을!

29. 썩은 송장

떠올려 보오, 내 사랑, 우리가 보았던 것을,
　　그토록 화창한 여름날 그 아침.
어느 오솔길 모퉁이에 썩은 송장 하나
　　자갈밭 위에 있던 것을,

음탕한 여자처럼 성교하는 듯한 두 다리,
　　이글거리며 독을 뿜던 그 송장,
태연하고 뻔뻔하게
　　악취가 진동하는 배를 내놓고 있었지.

태양은 저 썩은 것 위에 내리쪼이고 있었지,
　　마치 그것을 적당히 익혀
위대한 **자연**이 한 데 모아놓았던 모든 것을
　　허물어 수백 배로 되돌려 주려는 듯.

그리고 하늘은 그 오만한 몸뚱이가
　　한 송이 꽃처럼 피어나는 모습을 지켜보았지.
그 냄새 어찌나 지독한지, 풀밭 위로
　　당신은 쓰러질 것만 같았지.

그 썩어가는 배 위에 파리들 윙윙대고,
　　거무튀튀한 구더기 떼 쏟아져 나와
누더기가 된 육신을 따라
　　눅진한 액체처럼 흘러내렸지.

그 모든 것이 파도처럼 오르락내리락 하고
　　더러는 거품을 일으키며 불뚝 솟구쳤지.
마치 그 육신, 희미한 숨결에 부풀어 오르고,
　　갑절로 늘어나 살아있는 것만 같았지.

그리고 이 세상은 기묘한 음악 소리를 냈지.
　　흐르는 물과 바람 소리 같기도 하고
키질하는 사람이 장단 맞춰 키를
　　까부르고 휘저을 때 나는 곡식 소리 같기도 했지.

형체가 사라지니 그것은 이제 한낱 꿈일 뿐,
　　망각된 캔버스 위에, 서서히 떠오르는,
예술가가 오직 기억에 기대어
　　완성한 흐릿한 밑그림.

바위 뒤 안절부절 암캐 한 마리
　　성난 눈으로 우리를 쏘아보았지.
놓쳐버린 살점을

뼈다귀에서 다시 뜯어낼 틈을 노리면서.

- 그렇지만 당신도 저 썩은 송장,
　저 끔찍한 악취를 풍기는 것과 다를 바 없어지겠지.
내 두 눈의 별, 내 본능의 태양,
　당신, 나의 천사, 나의 열정이여!

맞아! 당신도 그렇게 되겠지, 오, 은총의 여왕이여,
　마지막 성사를 마치고 나서,
무성한 풀들과 꽃들 아래로 가,
　해골들 사이에서 썩어 가면,

그때, 오 아름다운 여인이여!
　키스하듯 당신을 파먹을 구더기에게 말하오,
문드러진 내 사랑의
　형체와 신성한 본질은 내 지키고 있노라고!

30. 심연에서 부르짖네(De profundis clamavi)

내 마음이 추락한 저 캄캄한 심연의 밑바닥에서
내 사랑하는 유일한 이, **그대여**, 나 그대의 연민을 구하니
그곳은 공포와 불경이 어둠에 잠겨 있는
납빛 지평선의 음울한 세계.

열기 없는 태양이 저 위에서 여섯 달을 떠돌고
남은 여섯 달은 어둠이 대지를 집어삼키니
그곳은 극지보다도 헐벗은 땅
- 짐승도, 시냇물도, 녹음도, 나무도 없네!

이제 저 냉정한 태양과
저 아득한 **카오스** 같은 끝없는 어둠의 차가운 잔혹함보다
더 무서운 것은 세상에 없네.

나는 아무 생각 없이 잠들 수 있는
훨씬 비천한 짐승들의 운명을 시샘하네.
엉켜버린 시간의 실타래는 너무나 더디게 풀리기에!

31. 뱀파이어

그대, 칼로 찌르는 듯
애처로운 내 가슴 속으로 파고들었지.
그대, 악마의 무리처럼 거칠게
잔뜩 흥분해 화려하게 치장을 하고

모욕당한 내 영혼을
그대의 침대, 그대의 영토로 만들려고 왔지.
- 가증스러운 것, 나는 그대에게 매여 있다.
사슬에 매인 죄수처럼

노름판에 매인 고집불통 노름꾼처럼
술병에 매인 주정뱅이처럼
구더기에 매인 시체처럼
- 빌어먹을! 몹쓸 것 같으니!

나 날 선 장검에게 애원했지
자유를 쟁취하게 해달라고,
지독한 독약에게도 말했지
비겁한 나를 구제해 달라고.

아아! 독약과 장검은
나를 멸시하며 말했지.
"그 지긋지긋한 속박에서
너를 풀어 줄 이유가 없다.

어리석은 자여! - 우리가 애써 너를
그 손아귀에서 구해낸다 한들
너는 키스로 다시 깨울 것이 아닌가,
네 뱀파이어의 주검을!"

32. "어느 밤, 나 흉측한 한 유대인 여자 곁에"

어느 밤, 나 흉측한 한 유대인 여자 곁에,
시체 옆에 누운 또 다른 시체처럼 누웠네,
돈에 팔린 그 육신 곁에서
내 욕망은 체념에 빠진 가련한 미녀를 떠올리기 시작했지.

나 그녀의 타고난 당당한 자태를 머릿속에 그려보았네
생기와 매력으로 무장한 눈빛을,
향기로운 투구 같기도 하고,
사랑의 추억을 다시금 떠오르게 하는 머리칼을.

정말이지, 나 그대 고결한 육신에 열렬히 키스를 퍼붓고,
그대 서늘한 발끝에서 검은 머리채까지
애무의 보물을 격렬히 펼쳐놓았을 것이네.

어느 저녁, 불쑥 차오른 눈물로
그대가 다만, 오, 매정한 여인들 중 가장 매정한 여인이여!
그대 차가운 눈동자의 광휘를 누그러뜨릴 수만 있다면.

33. 죽음 뒤의 후회

지하의 아름다운 내 여인이여, 그대가
검은 대리석 묘비 저 깊은 곳에 잠들게 될 때,
축축한 지하묘소를 침실로,
움푹 팬 구덩이를 거처로 삼아야만 할 때,

비석이 그대 겁에 질린 젖가슴과
매혹적인 무기력에 길들여진 그대 가슴 속을 짓눌러,
그대 심장 고동치지도, 갈망치도 못하게 하고,
그대 두 발 모험을 찾아 달리지도 못하게 할 때,

한없이 내 꿈을 털어놓을 수 있는 무덤은
(무덤은 언제나 시인을 이해할 테니까)
잠이 내쫓긴 저 길고 긴 밤 동안,

그대에게 말하리라. "서투른 창부여, 이제와 무슨 소용인가,
망자들도 운다는 걸 알지 못했다 한들?"
- 하여 구더기는 후회처럼 그대 살가죽을 갉아먹으리라.

34. 고양이

이리 오렴, 내 어여쁜 고양이, 내 다정한 마음 위로.
　　네 발의 발톱을 숨기고,
금속과 마노[23]가 어우러진,
　　네 어여쁜 두 눈 속에 풍덩 빠지게 해다오.

네 머리와 네 나긋한 등을
　　내 손가락으로 가만히 어루만질 때,
내 손이 떨리는 네 몸을 만지는
　　쾌락에 취할 때,

마음속에 내 여자의 모습이 떠오른다. 그녀의 눈길,
　　사랑스러운 짐승, 너와 닮은
깊고 서늘한 눈길이 작살처럼 베고 도려내니,

　　발끝에서 머리끝까지,
어떤 미묘한 기운, 어떤 고약한 향기가
　　검게 그을린 그녀 육신 언저리에서 떠도는구나.

---

23 수정과 같은 석영광물로, 빛깔이 아름답고 다양하여 보석으로 이용된다.

35. 결투(Duellum)

두 전사 서로에게 달려들었네, 그들의 무기
허공에 땀과 피를 흩뿌렸네.
이 대결, 챙챙 울리는 이 쇳소리는
서글픈 사랑에 사로잡힌 청춘의 소란.

검이 산산이 부서졌네! 우리의 청춘처럼,
내 사랑하는 여인이여! 허나 이빨이, 날카로운 손톱이
곧장 비굴한 장검과 단검의 원수를 갚아주네.
- 오, 사랑의 깊은 상처로 닳아버린 마음의 분노여!

스라소니와 눈표범이 드나드는 골짜기에서
우리 영웅들, 끈덕지게 서로를 붙들고, 구르니,
그들의 살점이 바짝 마른 가시나무에 꽃처럼 장식되리라.

- 이 나락, 그것은 지옥, 우리 친구들로 가득한 곳!
우리 여한 없이 거기서 뒹굴자, 비정한 여전사여,
우리 증오의 타오르는 열기 영원하도록!

36. 발코니

기억의 어머니여, 연인 중의 연인이여,
오 그대, 내 모든 쾌락! 오 그대, 내 모든 책무!
그대는 기억하리라, 애무의 아름다움을,
벽난로의 온기를, 저녁의 정취를,
기억의 어머니여, 연인 중의 연인이여!

석탄의 뜨거운 열기로 환히 빛나는 저녁,
장밋빛 연무로 뒤덮인 발코니에서의 저녁.
그대의 젖가슴 얼마나 보드라웠나! 그대의 마음 얼마나 다정했나!
우리는 종종 영원한 것들에 대해 이야기 했지,
석탄의 뜨거운 열기로 환히 빛나는 저녁.

따스한 저녁에 별들은 얼마나 찬란한가!
우주는 얼마나 오묘한가! 마음은 얼마나 전능한가!
나 그대에게 기대면, 추앙받는 여인들의 여왕이여,
그대의 피 냄새를 들이쉬는 것만 같았지.
따스한 저녁에 별들은 얼마나 찬란한가!

밤은 벽처럼 두터워졌지,
어둠 속에서 내 두 눈 그대의 눈동자를 빤히 바라보다,

나 그대의 숨결을 들이마셨지, 오 감미로워라! 오 지독하여라!
그러다 그대의 두 발은 내 다정한 두 손 안에서 잠이 들었지.
밤은 벽처럼 두터워졌지.

행복했던 순간들을 불러오는 법을 나는 알지,
그리하여 나 그대 무릎에 기대어 지난날을 회상하네.
그대의 사랑스러운 육신과 그토록 다정한 마음이 아니라면,
그대의 나른한 아름다움을 어디에서 찾을 수 있을까?
행복했던 순간들을 불러오는 법을 나는 알지.

그 맹세들, 그 향기들, 그 끝없는 입맞춤들,
깊은 바다 밑에서 깨끗이 씻고
생기를 되찾은 별들이 하늘로 올라오듯
우리는 깊이를 잴 수 없는 저 심연에서 다시 태어날 수 있을까?
- 오 맹세들이여!, 오 향기들이여!, 오 끝없는 입맞춤들이여!

37. 악마에 홀린 사내

태양이 검은 베일에 가려졌네. 이 태양처럼,
오, 내 인생의 **달**이여! 어둠으로 네 몸을 포근하게 감싸고
잠을 자든 담배를 피우든 네 멋대로 해라. 입을 다물어라, 서러워
해라, 하여 **우울**의 심연 속에 온몸을 던져라.

나 그대를 그렇게 사랑하네! 허나 그대가 오늘,
어둠에 가려져 있다가 모습을 드러낸 별처럼,
격정이 넘실대는 곳곳을 누비고 싶다면
그래 좋다! 고혹적인 단검이여, 그대 칼집에서 나와라!

샹들리에의 광휘로 그대 눈동자에 불을 붙여라!
천박한 사내들의 눈길에 욕망의 불을 지펴라!
병약하든 활기차든, 그대 모든 것 내게는 기쁨이니.

검은 밤이든, 붉은 새벽이든, 그대 원하는 그대로 있어라.
떨리는 내 온 몸의 세포 하나까지 외치나니.
오 나의 소중한 베엘제불[24], 그대를 경애하노라!

---

24 사탄과 동일시되는 존재로, 성경에서는 마귀들의 두목이라고 표현한다.

38. 망령

I 암흑
깊이를 알 수 없는 슬픔의 지하 묘소
일찍이 **운명**이 나를 유배한 곳.
발그레한 한 줄기 햇살조차 스며들지 않아
음산한 여주인, **밤**과 단둘이,

화가처럼 나를 비웃는 한 **신**의
판결에 따라, 아아! 나는 암흑 위에 그림을 그리네.
그곳에서 음울한 식탐의 요리사인 나는
내 심장을 삶아 먹네.

찰나의 빛을 발하며, 길어졌다가 모습을 드러내는 것이 있으니
그것은 매혹과 광채로 이루어진 한 망령.
꿈꾸는 듯한 동양의 자태,

망령이 온전히 제 모습을 드러낼 때,
나는 내 아름다운 손님을 알아보네.
암흑 속에서도 빛이 나는 **그녀**를!

II 향기

독자여, 그대는 혹여 넋을 잃은 채
성당을 가득 메운 유향 냄새나
향낭에 짙게 배인 사향 냄새를
천천히 음미하며 들이마셔 본 적 있는가?

현재에 과거를 되살리며
우리를 취하게 하는 오묘하고 경이로운 마법!
그렇게 연인은 사랑하는 이의 기억의 육신에서
그윽한 향내 나는 꽃을 꺾는다.

풍성하고 묵직한 그녀의 머리칼,
산뜻한 향낭, 침실의 향로에서
원시적이고 야성적인 향기가 피어올랐고,

그녀의 순수한 젊음을 한껏 머금은
모슬린인가, 벨벳인가 하는 옷가지들에서는
짐승 털 향기가 풍겨 나왔다.

III 액자

제 아무리 칭송받는 필치로 그려진 그림이라도
아름다운 액자에 담기면,
드넓은 자연에서 떼어져 나와
어딘가 기묘하고 매혹적인 것이 더해지듯,

보석도, 가구도, 금붙이도, 금박도,
그녀의 진귀한 아름다움에 완벽하게 어우러졌네.
아무것도 그녀의 티 없는 맑음을 가릴 수 없으니,
모든 것이 그녀에게는 액자가 되었을 뿐.

때로 사람들이 말하기를, 그녀는 모든 것이
자기를 사랑하고 싶어 하는 줄 아는가보다고 했지만,
그녀는 제 알몸을 관능적으로

새틴과 리넨의 키스 속에 잠기게 하며
느릿하게 혹은 느닷없이, 움직일 때마다
잔나비 같은 천진난만한 매력을 내보였네.

IV 초상화

질병과 **죽음**이 우리를 위해 타올랐던

그 모든 사랑의 불길을 재로 만들어 버리네.

그토록 열렬하고 그토록 다정한 그 커다란 두 눈,

내 마음이 열중한 그 입술,

위안을 주었던 그 강렬한 입맞춤들,

한 줄기 빛보다도 선명한 그 격정들 속에

무엇이 남아 있나? 끔찍하게도, 내 영혼이여!

세 개의 연필로 그려진 아주 흐릿한 그림 하나 뿐.

나처럼 고독하게 스러져가는 그림을

시간이라는 몹쓸 늙은이는

날이면 날마다 제 뻣뻣한 날개로 문질러 지우고 있네.....

인생과 **예술**의 사악한 살해자여,

허나 너는 결코 내 기억 속에 있는 여인만큼은 죽일 수 없으리라.

내 기쁨이요, 내 긍지였던 그녀만은!

39. "나 그대에게 이 시를 바치니..."

나 그대에게 이 시를 바치니, 내 이름이

세찬 북풍을 타고 순항하는 배처럼

아득히 먼 시대에 무사히 가닿아

어느 날 밤, 사람들의 정신에 꿈을 불러일으킬 수 있다면

불확실한 신화 같은 그대의 기억이

팀파논[25]소리처럼 독자의 마음을 지치게 하고

정답고 신비로운 사슬이 되어

내 고결한 시구에 오래도록 매달려 있을 수 있다면

저주받은 존재여, 깊은 나락에서

가장 높은 하늘까지, 나 말고는 아무도 그대에게 대답하지 않는다!

- 오 그대, 덧없이 사라지는 그림자처럼,

가벼운 발걸음과 평온한 눈길로

그대를 가혹하다 여겼던 어리석은 인간들을 짓밟는다.

흑옥(黑玉)같은 눈동자를 지닌 동상이여, 청동 얼굴을 한 고귀

한 천사여!

---

25 고대 그리스 시대에서부터 사용해 온 타악기의 한 종류. 드럼 계통의 타악기 팀파니(Tim-pani)의 원형이다.

40. 언제나 한결같이(Semper eadem)

"당신은 말했지, 거뭇하고 반드러운 바위를 덮치는 바다처럼 밀
려오는 이 기이한 슬픔은 어디에서 당신에게 오는 것이냐고."
- 우리 마음이 일단 포도를 수확하고 나면
삶이란 고통이지. 그것은 누구나 아는 비밀.

아주 단순하고 아리송할 것도 없는
당신 기쁨처럼, 누구에게나 생생한 고통.
그러니 더 알려고 들지 마오, 오 호기심 가득한 아름다운 이여!
당신 목소리 참으로 감미롭지만, 조용히 있어요!

조용히요, 무지한 여인이여! 늘 희열에 찬 영혼이여!
어린애 같은 웃음 짓는 입이여! **죽음**은 **삶**보다 훨씬 더
우리를 자주 붙잡아 두지, 저 오묘한 끈으로.

내버려 두오, 내 마음 거짓에 취해,
아름다운 꿈속에 빠지듯 당신 두 눈에 빠져
당신 눈썹 그늘 아래서 오래도록 잠자게 해주오!

41. 그녀의 전부

악마가 저 높은 데 있는 내 방으로
오늘 아침 나를 찾아와,
생트집을 잡으려는 듯
내게 말했지. "내 몹시 알고 싶은 게 있는데

그녀를 매력적으로 보이게 하는
온갖 아름다운 것들 중에서,
그녀의 육신을 매혹적으로 보이게 하는
가무잡잡하거나 발그레한 것들 중에서,

무엇이 가장 달콤한가." - 오 나의 영혼아!
너는 그 **괴물**에게 대답했지.
"그녀의 전부가 내게 위안이 되니
어떤 것이 더 좋다 말할 수 없지.

모든 것이 나를 홀리니, 나는 모르겠네
어떤 것이 내 마음을 사로잡는지.
그녀는 **새벽빛**처럼 눈부시고
밤처럼 위로를 주네.

그녀의 아름다운 온 육신에 감도는
조화는 참으로 정묘해서,
보잘 것 없는 분석으로는
그 수많은 화음을 악보에 옮길 수 없지.

오, 신비한 변신
내 모든 감각이 녹아내려 하나가 되는구나!
그녀의 숨결이 음악을 만들어 내네,
그녀의 목소리가 향기를 만들어 내듯!"

42. "오늘 저녁, 그대 무슨 말을 할까"

오늘 저녁, 그대 무슨 말을 할까, 가련하고 외로운 영혼이여,
내 마음이여, 무슨 말을 할까, 예전에 시들어 버린 마음이여,
고결한 눈길로 한순간 그대를 다시 활짝 피어나게 한
참으로 아름답고, 참으로 갸륵하고, 참으로 소중한 저 여인에게?

- 우리는 그녀를 찬미함을 자랑스러워 하리라.
그녀의 위엄만큼 다정한 것은 없으니,
그녀의 영적인 육신은 **천사들**의 향기를 지녔고
그 눈은 우리에게 광휘의 옷을 입히지.

한밤중에 고독 속에 있건,
거리에서 군중 속에 있건,
그녀의 환영이 허공에서 횃불처럼 어른대네.

때로 환영은 말하고 이야기하네. "아름다운 내가, 당신에게 명하
니 나를 사랑하려거든 오직 **아름다움**만을 사랑하세요.
나는 **수호천사, 뮤즈,** 그리고 **성모 마리아**이니."

43. 살아있는 불꽃

두 눈이 내 앞에서 걸어가네, 빛으로 가득 찬 저 두 눈,
솜씨 좋은 **천사**가 무언가를 끌어당기는 힘을 주었나.
두 눈이 걸어가네, 내 피붙이 같은 저 거룩한 형제가,
다이아몬드처럼 빛나는 제 불꽃을 내 눈에 새기면서.

온갖 함정과 온갖 무거운 죄악에서 나를 구원하는
두 눈은 **아름다움**의 길로 내 발길을 이끄네.
그것은 내 하인, 나는 그것의 노예.
내 온 존재는 저 살아있는 불꽃을 따르네.

매혹적인 **두 눈**이여, 너희는 신비한 빛을 뿜어내네,
대낮에 타오르는 촛불처럼. 태양이
벌겋게 달아올라도, 황홀한 촛불의 불길은 끄지 못하리.

촛불은 **죽음**을 기리고, 너희는 **부활**을 찬미하네.
너희는 내 영혼의 부활을 찬미하며 걸어가네,
어떤 태양도 그 불꽃 사그라뜨리지 못하는 별들이여!

44. 그대에게 구원을 간청하네

명랑함이 넘치는 천사여, 그대 번민을 아는가
수치를, 후회를, 슬픔을, 권태를,
그리고 저 끔찍한 밤들의 막연한 공포를 아는가
구겨지는 종이처럼 마음을 짓누르는 그런 공포를?
명랑함이 넘치는 천사여, 그대 번민을 아는가?

그지없이 선한 천사여, 그대 증오를 아는가
어둠 속에서 불끈 쥔 두 주먹과 원한에 찬 눈물을,
복수가 지옥의 소환을 알리는 북을 치고,
우리 힘을 좌우하는 지휘관이 되는 때를?
그지없이 선한 천사여, 그대 증오를 아는가?

건강이 넘치는 천사여, 그대 **열병**을 아는가
음산한 빈민 구제 병원의 거대한 담벼락을 따라
망명자들처럼 기신기신 발걸음을 옮기며
보기 힘든 햇빛을 찾아 입술을 달싹이는 자들을?
건강이 넘치는 천사여, 그대 **열병**을 아는가?

아름다움이 넘치는 천사여, 그대 주름살을 아는가
늙어간다는 두려움과 우리의 목마른 두 눈이

오랫동안 목을 축여 온 저 눈 속에서 내심 헌신을 경멸하는
기색을 알아차릴 때의 저 끔찍한 고통을!
아름다움이 넘치는 천사여, 그대 주름살을 아는가?

행복과 기쁨과 빛이 넘치는 천사여,
죽어가는 다윗 왕도 황홀한 그대 육신에서
뿜어져 나오는 기운으로 건강을 구하려 했으리라.
허나 천사여, 나는 다만 그대에게 구원을 간청할 뿐,
행복과 기쁨과 빛이 넘치는 천사여!

45. 고백

한 번, 단 한 번, 사랑스럽고 다정한 여인이여,
　　당신의 보드라운 팔이 내 팔에
기대었지(내 영혼 저 캄캄한 밑바닥에 있는
　　그 기억은 조금도 흐려지지 않았네).

밤이 깊었었지. 새로 만든 둥근 목걸이 같은
　　보름달이 얼굴을 드러냈고,
밤의 위엄이, 너른 강처럼,
　　잠들어 있는 파리(Paris) 위로 흘러내렸지.

늘어서 있는 집들을 따라, 마차 출입문 밑으로,
　　고양이들이 귀를 쫑긋 세우고
살금살금 지나가기도 했고, 친밀한 그림자처럼
　　우리를 어슬렁어슬렁 따라오기도 했지.

창백한 빛에서 피어난
　　허물없는 친밀함이 한창일 때, 느닷없이,
빛나는 명랑함만이 울려 퍼지는
　　풍성하고 또렷한 소리 내는 악기 같은 당신에게서,

눈부신 아침,

　팡파르처럼 밝고 유쾌한 당신에게서,

구슬픈 소리 하나, 낯선 소리 하나

　머뭇거리다 새어나왔지.

허약하고, 못생기고, 침울하고, 비루하여,

　그 가족들이 창피하게 여기고

세상에 드러내지 않으려 오랫동안

　지하실에 숨겨두었을 법한 계집애처럼.

가여운 천사, 그 계집애 노래했지, 당신의 앙칼진 음조로.

　"이 세상은 아무것도 확실하지 않아,

그리고 제 아무리 정성들여 치장해도,

　인간의 이기심은 결국 드러나고 말지.

아름다운 여인으로 산다는 건 얼마나 고된 일인가,

　또 얼마나 시시한 일인가

그것은 억지 미소 지으며

　빙글빙글 도는 광기어린 냉담한 무희의 일이지.

마음 위에 무언가를 짓는 일은 얼마나 어리석은가.

　모든 건 결국 부서지지, 사랑도 아름다움도,

망각이 그것들을 바구니에 쓸어 담아

영원으로 돌려보내기 전까지는!"

나는 종종 떠올렸지, 그 황홀한 달빛을,

　　그 고요와 그 우수를,

그리고 마음의 고해소에서

　　나지막이 속삭이던 그 끔찍한 고백을.

46. 영적인 새벽

탕자들의 집에 창백하면서도 붉은 새벽이
마음을 괴롭히는 **이상**과 함께 들이닥칠 때,
앙갚음의 신비가 스며들어
잠들어 있던 짐승 안의 한 천사가 잠에서 깨어나네.

쓰러진 채 여전히 꿈꾸며 고통스러워하는 자를 위해
영적인 하늘, 가닿을 수 없는 창공,
열리는가 싶더니 심연에 이끌려 사라져 버리네.
이처럼, 사랑스러운 **여신**이여, 총명하고 순수한 **존재**여,

미련하게 진탕 먹고 마신 연회의 취기 어린 폐허 위에
더욱 밝고, 더욱 유쾌하고, 더욱 매혹적인 그대에 대한 기억이
크게 뜬 내 두 눈에 하염없이 넘실거리네.

태양이 양초의 불꽃을 어둡게 만들었네.
이처럼, 언제나 승리하는, 찬란한 영혼,
그대의 망령은 불멸하는 태양 같구나!

47. 저녁의 하모니

드디어 그 시간이 오려 하네, 줄기 끝에서
꽃송이 하나하나가 향로처럼 연기를 피우며 사라지고,
소리와 향내가 저녁 바람 속에 감도네.
우수에 젖은 왈츠와 나른한 현기증이여!

꽃송이 하나하나가 향로처럼 연기를 피우며 사라지고,
바이올린은 상처 받은 마음처럼 흐느끼네.
우수에 젖은 왈츠와 나른한 현기증이여!
하늘은 커다란 수난 감실[26]처럼 슬프고도 아름답네.

바이올린은 상처 받은 마음처럼 흐느끼고,
막막하고 캄캄한 허무를 증오하는 연약한 마음 하나!
하늘은 커다란 수난 감실처럼 슬프고도 아름답네.
태양은 얼어붙은 제 피 속으로 사라져 버렸네.

막막하고 캄캄한 허무를 증오하는 연약한 마음 하나,
빛나던 과거의 흔적을 모조리 그러모으네!
태양은 얼어붙은 제 피 속으로 사라져 버렸고......

---

26 성주간 목요일 주님 만찬 미사 후에는, 성체 안에 현존하는 예수에게 마음을 모아 감사와 찬미의 기도를 올리기 위해 예수님의 몸인 성체를 본 감실에서 임시로 마련한 수난 감실로 옮겨온다. 이때 수난 감실은 식물이나 꽃으로 아름답게 장식된다.

그대에 대한 기억만이 내 안에서 성광(聖光)[27]처럼 반짝이네!

---

27 성체에 관련된 전례행위 때 사용되는 전례도구로, 금과 은으로 도금하거나 각종 귀금속으로 매우 화려하게 장식된다.

48. 작은 향수병

모든 물질에 스며들 것만 같은 강렬한 향기들이 있다.
그런 향기들은 유리에라도 배어들 것만 같다.
삐걱거리는 쇳소리가 날만큼 뻑뻑한 자물쇠 달린
동방에서 온 작은 상자를 열 때,

아니면 버려진 집 안, 매캐한 세월의 냄새 잔뜩 밴
켜켜이 먼지 내려앉은 컴컴한 어느 옷장 속에서,
때로 기억을 환기시키는 낡은 향수병 하나가 발견될 때,
그 속에서 되돌아 온 한 영혼이 생생하게 뿜어져 나온다.

헤아릴 수 없는 생각들, 죽은 듯이 번데기처럼 잠들어 있다가,
짙은 어둠 속에서 가만히 몸을 떨며
날개를 펼치고 날아오르려 한다.
푸른빛을 띠고, 분홍빛 윤기를 머금은 채, 금빛 실을 두르고.

아, 퀴퀴한 공기 속에 흩날리는
도취된 추억, 두 눈이 감기고, **현기증**은
두 손으로 패배한 영혼을 붙잡아 인간의 악취 나는
어두운 나락으로 밀어 넣는다.

현기증이 백년 묵은 나락의 가장자리로 영혼을 쓰러뜨리니,
냄새 나는 라자로가 흰 수의를 찢으며,
잠에서 깨어나 움직인다, 썩은 내를 풍기는,
매혹적이고 음산한 유령 같은 송장이.

그렇기에, 나 사람들의 기억에서 사라질지라도,
궁색하고, 낡아빠지고, 먼지투성이가 되어,
더럽고, 비루하고, 역겹고, 금이 간
오래된 향수병처럼 허름한 옷장 한 구석에 내던져질지라도,

나 너의 무덤이 되리라, 달콤한 악취여!
네 위력과 네 독기의 증인이 되리라,
천사들이 만든 귀한 독약이여!
나를 좀먹는 액체여, 오 내 마음의 삶과 죽음이여!

49. 독

포도주는 아무리 더럽고 누추한 집이라도
　　기막히게 호화스러운 집으로 보이게 할 수 있고,
천금 같은 붉은 향기 속에
　　신비로운 회랑을 몇 개라도 생겨나게 할 수 있네,
구름 낀 하늘에 물드는 저녁놀처럼.

아편은 끝이 없는 것을 더욱 넓히고,
　　무한을 더욱 길게 늘이니,
시간을 더욱 그윽하게 하고, 쾌락을 더욱 간절하게 하여,
　　칙칙하고 음울한 쾌락을
감당 못 할 만큼 영혼에 가득 채우네.

허나 이 모든 것은 네 두 눈, 초록빛 네 두 눈에서
　　흘러나오는 독에는 비할 바가 없네,
호수같은 두 눈에 내 영혼 전율하며 반사된 모습을 바라보니……
　　내 꿈들 갈증을 채우려고
그 가혹한 심연으로 우르르 몰려가네.

허나 이 모든 것 나를 깨무는 네 침의
　　무시무시한 기적에는 비할 바가 없네,

네 침은 내 영혼 한없이 망각 속에 빠뜨리고,

　혼미할 정도로 휘몰아쳐,

지친 영혼을 죽음의 강가로 밀고 가네!

50. 먹구름 낀 하늘

그대의 시선 마치 안개에 싸인 듯하고,
그대의 신비로운 눈동자
(푸른빛이던가, 회색빛이던가, 아니 초록빛이던가?)
때로는 다정하게, 때로는 상념에 잠겨, 때로는 잔인하게,
나른하고 창백한 하늘을 비추네.

마음을 짓누르는 알 수 없는 고통으로 안절부절,
날카롭게 곤두선 신경들이 잠자고 있는 정신을 조롱할 때면,
그대는 환하고, 포근하고, 흐릿했던 그 날들을 떠오르게 하지.
매혹된 마음들이 눈물로 녹아내리던 그런 날들을.

그대는 때로 안개 자욱한 계절 속 태양이 환히 비추는
저 아름다운 지평선들을 닮았네......
먹구름 낀 하늘에서 쏟아지는 햇빛에 붉게 물든
물기 어린 풍경처럼, 그대는 얼마나 찬란한가!

오 위태로운 여인이여, 오 매혹적인 날씨여!
나 그대의 눈송이와 찬 서리마저 사랑할 수 있을까,
그리하여 혹독한 겨울에도
얼음과 쇠보다 더 날카로운 쾌락을 맛볼 수 있을까?

51. 고양이

I

포동포동 순하고 매력적인
어여쁜 고양이 한 마리,
제 집인 듯 내 머릿속에서 돌아다니네.
야옹거리며 우는 소리 들릴 듯 말듯,

그만치 그 목소리 부드럽고 잔잔하네.
허나 그 목소리 잦아 들 때도, 가르랑댈 때도,
한결같이 풍성하고 그윽하네.
그것이 바로 그 녀석의 매력이요 신비.

한없이 어두운 내 마음 깊은 곳에
알알이 맺히고 스미는 그 목소리,
조화로운 시 한 편처럼 나를 벅차게 하고,
사랑의 묘약처럼 나를 즐겁게 하네.

그 목소리 몹시 가혹한 고통을 잠재우며,
온갖 희열을 품고 있네.
아주 많은 말들 하지만,
여러 낱말들 필요치 않네.

그래, 완벽한 악기인 내 마음에 파고들어,
이보다 더 솜씨 좋게
사뭇 떨리는 현을 노래하게 하는
활은 없다네.

신비로운 고양이, 천사 같은 고양이,
엉뚱한 고양이, 천사의 목소리처럼,
네 목소리 안의 모든 것이
미묘하고 조화롭구나!

II
금빛과 갈빛 털에서
그토록 달콤한 향기 풍겨져 나와, 어느 저녁
한 번, 단 한 번 그 털 쓰다듬으니
그 향기 내 몸에 짙게 배었네.

고양이는 이 집의 수호신.
녀석은 제 영토의 온갖 것들을
판결하고, 다스리고, 인도하네.
고양이는 요정일까 아니면 신일까?

내 두 눈, 자석에 이끌리듯 이끌려,
순순히 내 사랑하는 고양이에게
눈길을 돌리다가
문득 나 자신을 들여다 볼 때,

나 고양이의 퍼런 눈동자 속 불꽃을 보고,
흠칫 놀라고 마네,
밝게 빛나는 등대, 맑고 깨끗한 오팔
물끄러미 나를 바라보네.

52. 아름다운 배

나 네게 말해주고 싶네, 오 나른하고 매혹적인 여인이여!
네 젊음을 더욱 빛나게 하는 이런 저런 아름다움에 대해.
　　나 네게 그려주고 싶네, 어린애 같은 모습과
성숙한 모습이 어우러진 네 아름다움을.

네가 널따란 치맛자락으로 바람을 쓸고 갈 때,
너는 먼 바다로 향하는 아름다운 배와 같아,
　　돛을 활짝 펼치고, 흔들리며 앞으로 나아가네
잔잔한 리듬을 타며, 한가롭고 느릿하게.

넓적하고 통통한 네 목 위에, 두툼한 네 어깨 위에,
묘한 매력 풍기며 한껏 뽐을 내는 네 얼굴.
　　차분하고 의기양양하게
너는 네 갈 길을 가네, 씩씩한 아이처럼.

나 네게 말해주고 싶네, 오 나른하고 매혹적인 여인이여!
네 젊음을 더욱 빛나게 하는 이런 저런 아름다움에 대해.
　　나 네게 그려주고 싶네, 어린애 같은 모습과
성숙한 모습이 어우러진 네 아름다움을.

일렁이는 물결을 밀고 나와 불쑥 드러나는 네 젖가슴,
멋진 장롱 같은 네 위풍당당한 젖가슴,
　불룩하고 환한 나무판
방패처럼 번쩍이며 빛이 나네.

장밋빛 돌기로 무장한 도발적인 방패여!
포도주로, 향수로, 술로,
　좋은 것들 가득한, 감미로운 비밀이 있는 장롱
머리와 심장을 황홀케 하리라!

네가 널따란 치맛자락으로 바람을 쓸고 갈 때,
너는 먼 바다로 향하는 아름다운 배와 같아,
　돛을 활짝 펼치고, 흔들리며 앞으로 나아가네
잔잔한 리듬을 타며, 한가롭고 느릿하게.

물결 같은 치맛단을 흩날리며 걸어가는, 네 고귀한 두 다리,
음침한 욕망을 자극하고 유혹하네,
　깊은 항아리 속 시커먼 사랑의 묘약을 휘젓는
두 마녀처럼.

어리지만 힘센 장사를 제멋대로 주무를 법한 네 두 팔,
번들거리는 보아뱀의 강력한 적수이니,
　제 연인을 심장 속에 깊이 새기려는 듯,

있는 힘껏 끌어안기 위해 만들어졌다네.

넓적하고 통통한 네 목 위에, 두툼한 네 어깨 위에,
묘한 매력 풍기며 한껏 뽐을 내는 네 얼굴.
   차분하고 의기양양하게
너는 네 갈 길을 가네, 씩씩한 아이처럼.

53. 여행으로의 초대

내 아이여, 내 누이여,
그곳에 가서
함께하는 삶의 즐거움을 생각해 보라!
마음껏 사랑하고,
사랑하다 죽는 것,
너를 닮은 그 고장에서!
먹구름 낀 저 하늘의
물기 어린 햇살
내 영혼에게는
너무나도 신비로운 매력
네 눈에서 떨어지는 눈물 사이로 반짝이는
네 의뭉스런 두 눈처럼.

거기서는, 모든 것이 순조로움과 아름다움,
사치와 평온과 쾌락일 뿐.

긴 세월에 매끄럽게 길들여져,
반들반들 윤이 나는 가구들,
우리의 침실을 장식하리라.
더없이 진귀한 꽃들의

저마다의 향기가
용연향의 그윽한 향기와 어우러지고,
　화려한 천장들,
　그윽한 거울들,
동방의 찬란함,
　그 모두가 영혼에게
　저마다의 감미로운 모국어를
남몰래 속삭이리라.

거기서는 모든 것이 순조로움과 아름다움,
사치와 평온과 쾌락일 뿐.

　보라, 저 운하 위에
　방랑벽을 타고난
배들이 잠들어 있으니,
　저 배들이 세상 끝에서 오는 것은
　네 하찮은 욕망까지
채워주기 위해서지.
　- 저녁놀은
　들판과 운하와
온 도시를 주홍빛, 황금빛으로
　물들이고,
　따스한 빛 속에서

세상은 잠에 드네.

거기서는 모든 것이 순조로움과 아름다움,
사치와 평온과 쾌락일 뿐.

54. 돌이킬 수 없는 것

그 해묵은 오랜 **회한**을 우리는 잠재울 수 있을까,
　　살아서 발발거리고 꿈틀거리며
우리를 뜯어먹는 시체의 구더기 같은,
　　참나무의 송충이 같은 그것을?
저 그악스러운 **회한**을 우리는 잠재울 수 있을까?

어떤 묘약에 어떤 포도주에 어떤 탕약에,
　　우리는 저 오랜 적을 빠뜨려 죽일 수 있을까,
창녀처럼 해로우며 탐욕스럽고
　　개미처럼 끈질긴 그것을?
어떤 묘약에 - 어떤 포도주에 - 어떤 탕약에?

말해 다오, 어여쁜 마녀여, 오! 말해 다오, 그대 알고 있거든,
　　말발굽에 채여,
상처 입은 자들 틈에 짓눌린 채 죽어가는 자에게 말하듯,
　　시름에 깊이 잠긴 이 영혼에게,
말해 다오, 어여쁜 마녀여, 오! 말해 다오, 그대 알고 있거든,

늑대가 벌써 냄새를 맡고,
　　까마귀가 노리고 있는 저 죽어가는 자에게,

초주검이 된 저 병사에게! 십자가도 무덤도 가질 수 없음에
　절망해야 하는지,
늑대가 벌써 냄새를 맡은 저 죽어가는 가련한 자에게!

진흙탕같이 캄캄한 하늘을 환히 밝힐 수 있을까?
　아침도 저녁도 별빛도 처량한 빛도 없는
역청보다 더 짙은
　어둠을 찢어버릴 수 있을까?
진흙탕같이 캄캄한 하늘을 환히 밝힐 수 있을까?

여인숙 창문에서 반짝이던 **희망**은
　꺼졌구나, 영원히 죽어버렸구나!
달도 없이 빛도 없이 험한 길에서 수난 당한 이들은
　몸 뉘일 곳 어찌 찾으려나!
악마가 **여인숙** 창문의 불을 모조리 꺼버렸으니!

사랑스런 마녀여, 그대는 저주받은 자들을 사랑하는가?
　말해 다오, 그대는 용서할 수 없는 죄를 아는가?
우리의 심장을 과녁 삼아
　독 묻은 화살을 쏘는 **회한**을 그대는 아는가?
사랑스런 마녀여, 그대는 저주받은 자들을 사랑하는가?

돌이킬 수 없는 것은 저주받은 이빨로 갉아 먹는구나

우리의 영혼, 처량한 묘비를,
그러고는 밑바닥부터 건물을 갉아먹는
    흰개미처럼 수시로 달려드는구나.
돌이킬 수 없는 것은 저주받은 이빨로 갉아 먹는구나!

- 이따금 나는 보았지, 허름한 어느 극장 구석
    울려 퍼지는 오케스트라 소리 열광케 할 때,
한 요정 나타나 지옥 같은 하늘에
    기적처럼 여명을 밝히는 것을.
이따금 나는 보았지, 허름한 어느 극장 구석

빛이요, 황금이요, 얇은 베일 같은 한 존재가
    거대한 **사탄**을 쓰러뜨리는 모습을.
허나 내 마음, 황홀함이 단 한 번도 찾아온 적 없는
    극장과도 같아, 언제나, 언제나,
그 베일 같은 날개 단 **존재**를 기다렸건만 헛일이었지!

55. 잡담

너는 맑고 발그레한, 아름다운 가을 하늘!
허나 슬픔이 내 안에 바다처럼 차오르고,
썰물 되어 빠져나가면, 우울한 내 입술에
씁쓸한 개펄의 쓰라린 추억만이 남지.

- 네 손이 도취된 내 품으로 슬며시 들어와도 소용없어,
그 손이 찾는 것은, 여인이여,
여자의 억센 손톱과 이빨에 완전히 망가진 곳
이제 내 심장을 찾지 마오, 이미 짐승들이 먹어버렸으니.

내 심장은 떠들썩한 난장으로 짓밟힌 궁전.
사람들은 거기서 술에 취하고, 서로를 죽이고, 머리채를 잡지!
- 드러난 네 젖가슴 언저리에서 향기가 감도네!......

오 **아름다운 이**여, 영혼들의 징벌, 너 그걸 원하는구나!
축제처럼 빛나는, 불타는 네 두 눈으로,
짐승들이 남겨놓은 저 살점들을 태워 주오!

56. 가을의 노래

I

오래지 않아 우리는 차디 찬 어둠 속에 잠기리라.
안녕히, 너무나 짧았던 우리 여름날의 강렬한 빛이여!
내게는 벌써 들려온다, 죽음의 타격처럼
안뜰 돌바닥 위에 쿵쿵 울리는 나무소리.

온 겨울이 내 마음 속으로 되돌아 올 테지.
분노, 증오, 전율, 공포, 마지못해 하는 고된 일이,
그리고 지옥 같은 극지의 태양처럼,
내 심장은 그저 얼어붙은 벌건 덩어리에 지나지 않으리라.

나는 몸서리치며 장작이 하나하나 떨어지는 소리를 듣는다.
단두대를 세우는 소리도 이보다 무겁게 울리지는 않으리라.
내 영혼 지치지 않는 육중한 타격에
쓰러지고 마는 저 탑과 같구나.

저 지루한 타격 소리에 현혹된 내게
어디선가 서둘러 관에 못 박는 소리가 들리는 듯하다.
누구의 관일까? - 어제는 여름이었건만, 이제는 가을!
저 알 수 없는 소리, 떠나는 순간을 알리는 듯 울려 퍼진다.

II

나 그대의 갸름한 눈에 감도는 푸르스름한 빛을 사랑하네,

다정하고 아름다운 이여, 허나 오늘 나 모든 것이 괴로우니,

그대의 사랑도 침실도 난로도 그 어떤 것도,

바다 위에 내리쬐는 태양을 대신할 수 없다오.

그렇지만 나를 사랑해 주오, 다정한 이여! 어머니가 되어 주오,

배은망덕한 놈이라도, 인정머리 없는 놈이라도.

애인이건 누이이건 찬란한 가을이건 저무는 태양이건,

찰나의 감미로움이 되어 주오.

수고는 짧을 것이오! 무덤이 기다린다, 그것도 허기진 무덤이!

아! 그대 무릎에 내 이마를 기대고,

환하고 뜨거운 여름날을 그리워하며,

늦가을의 노랗고 따뜻한 햇살을 음미하게 해주오!

57. 어느 마돈나에게

스페인식의 봉헌 예물

나 그대 위해 짓고 싶다네, **마돈나**여, 나의 연인이여,

내 절망 깊은 곳에 은밀한 제단을,

그리고 속세의 욕망과 조롱 어린 시선에서 벗어나,

내 마음 가장 어두운 구석에

유약을 발라 온통 윤이 나는 푸른빛과 황금빛 벽감 하나 파서,

감탄을 자아내는 **조각상**, 그대를 그 안에 세워 두리라.

수정 같은 각운이 섬세하게 장식된

순수한 금속 격자 구조물 같은 세련된 내 **시**들로

그대 머리에 씌울 커다란 **왕관**을 만들리라.

그리고 내게는 **질투심**이 있기에, 오 필멸의 **마돈나**여

나 그대에게 **망토** 하나 지어주려 하니,

의심으로 안감을 대어, 투박하고 뻣뻣하고 무겁게 만들면,

진주 대신 내 **눈물**이 온통 수놓인 그 외투는

막사처럼 그대의 매력을 감추어 주리라!

그대의 **망토**, 그것은 내 **욕망**이리니,

흔들리고 너울대며 오르내리는 내 **욕망**,

꼭대기에 이르러 누그러지고, 골짜기에서 쉬어가며,

뽀얗고 발그레한 그대 온 몸을 한 번의 입맞춤으로 감싸리라.

나 그대를 위해 **경애**의 마음으로 아름다운 **구두** 한 켤레 만들리니,

비단으로 만들어져, 그대의 거룩한 두 발에 복종하고,
부드러운 포옹처럼 그대 두 발을 꼭 쥐어
정교한 거푸집처럼 그대 발의 문양을 간직하리라.
성실하게 내 모든 솜씨를 동원해도
은빛 **달**을 깎아 그대에게 **발판** 하나 마련해 줄 수 없다면
내 창자를 물어뜯는 저 **뱀**을 그대 발꿈치 아래
놓아두리라, 증오와 침으로 잔뜩 부푼 저 요물을
짓밟고 조롱하라고,
위풍당당한 구원의 여왕이여.
그대는 보게 되리라, **동정녀들의 여왕**을 모시는
꽃들 만발한 제단 앞에 **촛불** 처럼 늘어선 내 **생각들**이
푸른빛 천장에 반사되어 별빛처럼 반짝이며,
불타는 눈으로 언제나 그대를 바라보고 있음을.
내 안의 모든 것이 그대를 사랑하고 찬미하니,
그 모든 것은 **안식향, 선향, 유향, 몰약**이 되고,
먹구름 낀 내 **영혼**은 **안개**가 되어,
하얗게 눈 덮인 봉우리, 그대를 향해 쉼 없이 오르리라.

마지막으로, 그대가 성모 마리아의 역할을 온전히 할 수 있도록,
그리고 야만에 사랑이 어우러지도록,
사악한 쾌락이여! 일곱 개의 **대죄**를 짓고,
회한에 잠긴 사형집행인인 나는 일곱 개의 **칼**을
날카롭게 벼려, 무심한 곡예사처럼,

그대 사랑 가장 깊숙한 곳을 과녁 삼아,

헐떡이는 그대 **심장**에 모조리 꽂으리라,

흐느끼는 그대 **심장**에, 눈물로 홍건한 그대 **심장**에!

58. 오후의 노래

비록 네 사나운 눈썹이
네 얼굴을 기묘하게 보이게 해,
천사의 얼굴이 아니라,
유혹적인 눈을 가진 마녀처럼 보인다 해도,

나 너를 찬미하노라, 오 변덕스런 여인이여,
우상을 섬기는 사제의
신앙심으로.
내 끔찍한 열정이여!

사막과 숲이
네 거친 머리채를 향기롭게 하니,
네 머리는 수수께끼와 비밀을
간직한 듯하다.

향로 주변에 있는 것처럼
네 살결에 향기가 감돈다.
음흉하고 격정적인 요정이여
너는 저녁처럼 마음을 사로잡는다.

아! 제 아무리 강력한 묘약도

네 게으름을 당해낼 수 없으니,

너는 죽은 자들조차 살아나게 하는

애무를 알고 있구나!

네 허리는 네 등과 네 젖가슴을

사랑하여,

너는 사랑을 갈구하는 몸짓으로

쿠션을 황홀하게 한다.

이따금, 네 알 수 없는 열정을

누그러뜨리려고,

너는 진지한 얼굴로,

정신없이 깨물고 키스를 퍼붓는다.

가무잡잡한 여인이여,

너는 나를 비웃으며, 나를 괴롭히고는,

달처럼 달콤한 눈길을

내 마음 위에 놓아둔다.

네 비단 구두 아래,

네 매혹적인 보드라운 발아래

나, 내 크나큰 기쁨을,

내 재능과 운명을 바친다.

네 덕분에 치유된 내 영혼,
빛이요 색채인 네 덕분에!
내 안의 깜깜한 시베리아에서
폭발하듯 터지는 뜨거운 열기여!

59. 시시나(Sisina)

사냥을 위해 한껏 차려입은 디아나[28]를 떠올려 보라,
숲을 누비며 덤불을 헤치며,
머리칼과 젖가슴을 바람에 드러내고, 떠들썩한 소란에 들떠 있
는, 최고의 기사들 부럽지 않은 위풍당당한 그녀를!

그대는 학살의 연인, 테루외뉴[29]를 본 적이 있는가?
신발도 없는 맨발의 민중에게 돌격하라 선동하고,
불타는 뺨과 눈으로 제 몫을 단단히 해내며,
손에 검을 쥐고, 왕궁 계단을 오르는 그녀를?

시시나는 바로 그러한 여인! 허나 다정한 여전사,
살기를 품었으나 그만큼 자애로운 영혼.
화약과 북소리에 벌벌 떠는 그녀의 용기는,

애원하는 이들 앞에선 무기를 내려놓을 줄 알고,
불길에 폐허된 그녀 마음은 언제나,
그럴 만한 사람을 위해선 눈물을 가득 품고 있네.

---

28 로마 신화에 등장하는 사냥, 달, 순결의 여신.
29 테루외뉴 드 메리쿠르 (Théroigne de Méricourt), 18세기 매춘부 출신의 프랑스 과격파
여성 혁명가.

60. 나의 프란치스카에게 바치는 찬미
(Franciscae meae laudes)

새로운 선율로 그대를 노래하리,
오, 고독한 내 마음 속에서
뛰놀고 있는 작은 소녀여.

화관으로 그대를 장식하리,
오, 우리의 죄를 용서하는
매혹적인 여인이여!

자비로운 레테[30]강물 들이키듯,
이끌릴 수밖에 없는 매력을 지닌,
그대의 입맞춤을 들이키리라,

죄악의 폭풍이
천지 사방 어지럽힐 때,
그대 내게 나타났네, 여신이여,

처참한 난파선을 비추는

---

30 그리스 신화 속 망각의 여신. 동시에 이 여신에게서 이름을 따온 저승의 강을 가리키기
도 한다.

구원의 별처럼......
나 그대 제단에 내 심장을 바치리라!

성덕으로 가득한 연못이여,
영원한 젊음의 샘이여,
말 잃은 내 입술에 목소리를 돌려다오!

그대는 추악한 것은 불태웠고,
거친 것은 매끄럽게 다듬었고,
약한 것은 강하게 만들었네.

내가 굶주릴 때 그대는 나의 식탁,
내가 어둠 속에 있을 때 그대는 나의 등불이니,
나를 언제나 올바른 길로 이끌어주오.

이제 내 힘에 그대의 힘을 보태주오,
그윽한 향기 가득한
따스한 목욕물이여!

내 허리를 감싸고 빛을 내주오,
천사의 물에 담금질 된
오, 순결한 갑옷이여.

보석으로 반짝이는 성배여,
짭조름한 빵, 달콤한 양식이여,
거룩한 포도주여, 그대 프란치스카!

61. 어느 크레올³¹ 귀부인에게

태양이 어루만지는 향기로운 나라에서
나 알게 되었네, 온통 붉게 물든 나무와 종려나무 빽빽이 엮여
게으름이 눈꺼풀 위로 비처럼 쏟아지는 지붕 아래서,
아무도 알아채지 못하는 매력 풍기는 어느 크레올 귀부인을.

그녀의 낯빛 창백하면서도 뜨거우니, 갈색머리 그녀의
목에서 짐짓 고귀한 자태가 어른거리네
사냥꾼처럼 걷는 훤칠하고 호리호리한 그녀,
그 미소는 고요하고 그 두 눈은 당당하네.

만일 **귀부인**, 당신이 진정한 영광의 땅에 있는
센 강변으로, 푸르른 루아르 강변으로 가신다면,
아름다운 그대는 저 고풍스런 저택들을 더욱 눈부시게 빛내리라.

당신은 그늘진 처소에 머물며
시인들의 마음속에 수천 개의 소네트를 움트게 하리라,
당신의 커다란 두 눈 시인들을 당신 노예들보다 더욱 순하게 길
들일 테니.

---

31 프랑스가 지배한 서인도 제도 식민지 국가 태생의 백인.

62. 슬픔에 잠겨 배회하는 (Moesta et errabunda)

말해다오, 아가트, 가끔은 네 마음도 날아갈 때가 있는지?
비루한 도시, 검은 바다에서 멀리 떠나
푸르고 맑고 깊어서 마치 순결 같은,
찬란한 빛 터져 나오는 또 다른 바다를 향해.
말해 다오, 아가트, 가끔은 네 마음도 날아갈 때가 있는지?

바다, 한없이 너른 바다, 우리의 고단함을 위로하누나!
대체 어떤 악마가 걸걸한 목소리로 노래하는 바다에게
거대한 풍랑의 오르간 소리를 반주 삼아
자장가를 부르라는 숭고한 역할을 부여했는가?
바다, 한없이 너른 바다, 우리의 고단함을 위로하누나!

나를 실어 가다오 열차여! 나를 데려가 다오, 범선이여!
멀리! 저 멀리! 여기 진흙탕은 우리의 눈물로 만들어졌으니!
- 정말로 아가트의 슬픈 마음은 이따금 이렇게 말할까?
나를 실어 가다오 열차여, 나를 데려가 다오 범선이여,
회한에서 죄악에서 고통에서 멀리.

그대는 너무나 멀리 있구나, 향기로운 낙원이여
푸른 하늘 아래 모든 것이 오직 사랑과 기쁨인 곳,

사랑하는 모든 것이 사랑받을 만한 가치가 있는 곳,
순수한 쾌락 속에 마음이 잠기는 곳!
그대는 너무나 멀리 있구나, 향기로운 낙원이여!

허나 철없는 사랑의 푸르른 낙원,
뜀박질, 노래, 입맞춤, 꽃다발,
언덕 너머에서 울려 퍼지던 바이올린,
작은 숲 속에서 포도주와 함께하는 저녁,
- 허나 철없는 사랑의 푸르른 낙원,

은밀한 쾌락으로 가득한 순수의 낙원,
어느덧 인도보다 중국보다 더 멀어졌는가?
애처롭게 외치면 다시 돌아오게 할 수 있을까
그리하여 낭랑한 목소리로 다시 생동하게 할 수 있을까
은밀한 쾌락으로 가득한 순수의 낙원을?

63. 망령

야수의 눈을 가진 천사들처럼,
나 그대 침실로 다시 돌아가
밤의 망령과 함께
슬며시 그대 곁에 파고들리라.

그러면 나 그대에게 주리라, 가무잡잡한 내 여인이여,
달처럼 차가운 입맞춤과
무덤 언저리를 기어 다니는
뱀의 애무를.

푸르스름한 아침이 오면,
그대는 텅 빈 내 자리를 보게 되리라,
그리고 그 자리는 저녁까지 서늘하리라.

다른 이들이 애정으로
그대의 생과 젊음을 지배하니,
나, 나는 두려움으로 그대를 지배하리라.

64. 가을 소네트

내게 말하네, 수정처럼 맑은 그대 두 눈
"유별난 연인이여, 그대 생각하기에 나의 장점은 무엇인가요?"
- 그대로 아름답게만 잠자코 있어요! 옛 시대 짐승들의 천진함이
아니라면 모든 것에 염증을 느끼는 내 마음은,

그대에게 지옥 같은 제 비밀도,
불꽃으로 쓰인 제 비참한 전설도 보여주려 하지 않지,
나를 긴 잠으로 이끄는 손을 가진 자장가 같은 여인이여.
나 열정을 증오하니 영혼이 나를 괴롭히네!

우리 숨죽여 사랑하자. 초소 안에
음험하게 매복한 사랑이 죽음의 활시위를 당기고 있으니.
나 저 오래된 무기고 속 무기들을 잘 알고 있지.

죄악, 두려움 그리고 광기! - 오 창백한 마거리트 꽃이여!
너도 나와 같은 가을 햇살이 아닌가?
오, 이다지도 하얀, 이다지도 차가운 마거리트 꽃이여.

65. 달의 슬픔

오늘 저녁, 달은 한결 더 게으르게 꿈을 꾸네.
아름다운 한 여인, 많고 많은 쿠션들에 기대
우아한 손으로 하염없이
잠들기 전 자기 젖가슴 언저리를 어루만지듯.

늑진한 눈사태 같은 반드러운 등 위에
사그라지는 달은 길고 긴 도취에 몸을 맡기고
꽃이 피듯 하늘로 오르는
하얀 환영들을 이리저리 살펴보네.

때때로 이 지구 위에, 하릴없이 나른함에 빠진
저 달 남몰래 눈물 한 방울 흘리면
잠을 싫어하는 한 거룩한 시인,

오팔 조각처럼 무지갯빛으로 반짝이는
그 창백한 눈물을 오목한 손바닥에 고이 받아
태양의 눈을 피해 제 마음속에 간직하리라.

66. 고양이들

열정적인 연인들도 근엄한 학자들도
성숙해지는 시절에는 하나같이 사랑하네,
자기들처럼 추위를 타고, 자기들처럼 집안에 있기를 좋아하는
억세면서도 다정한 집안의 자랑거리, 고양이들을.

학문과 쾌락의 친구
고양이들은 어둠의 적막과 두려움을 찾아 헤매네.
고양이들이 자존심을 굽히고 기꺼이 복종할 수 있었다면,
어둠의 신 에레보스는 그것들을 죽음의 전령으로 삼았을 테지.

고양이들이 고독의 심연 속에 길게 누운 거대한 스핑크스처럼
고귀한 자태로 몽상에 잠길 때면,
끝나지 않는 꿈속에 빠진 듯하네.

고양이들의 살진 허리에는 마법 같은 불꽃 가득하고,
그 신비로운 눈동자 속에 고운 모래 같은
금빛 조각들은 아련하게 반짝거리네.

67. 부엉이들

거무스름한 주목 나무 아래 몸을 숨긴 채
부엉이들이 줄지어 앉아 있네
이국의 신들처럼
붉은 눈으로 쏘아보며. 부엉이들은 사색에 잠기네.

그들은 꼼짝 않고 자리를 지키리라.
기울어진 해를 밀어내고,
어둠이 자리 잡아
우수에 잠기는 시간이 올 때까지.

그들의 태도는 현자에게 가르쳐 주네
이 세상에서 염려해야 하는 것은
소란과 동요임을.

덧없이 사라질 허상에 취한 인간은
자기 자리를 옮기려 했던 죄로
벌을 받게 마련이라고.

68. 담배 파이프

나는 어느 작가의 담배 파이프.
에티오피아인이나 카피르인 같은
내 모습 가만히 들여다보면,
내 주인이 애연가라는 걸 알 수 있지.

그가 고통에 짓눌릴 때,
나는 집으로 돌아오는 농부를 위해
음식을 준비하는
작은 초가집처럼 연기를 피우지.

나 불타는 내 입에서 피어 오른
변화무쌍하고 푸르른 그물망 안에서,
그의 영혼을 끌어안고 가만히 다독이며,

그의 마음 어루만지고
그의 고달픈 영혼 치유하는
향기 진한 풀을 감싸지.

69. 음악

음악은 수시로 바다처럼 나를 덮치네!
　　나의 어슴푸레한 별을 향해,
안개 지붕 아래 혹은 광활한 하늘 속에서,
　　나 돛을 달고 항해하네.

돌진하는 가슴과 바람에 부푼 허파
　　마치 돛과 같아
나는 어둠에 휩싸인 채
　　층층이 밀려오는 파도의 등을 기어오르네.

고통스러워하는 커다란 배 한척
　　그 모든 정념이 내 안에서 떨고 있음을 느끼네.
순한 바람도, 폭풍과 격랑마저도

한없는 심연 위에서
　　나를 달래주네. 허나 또 어떤 때엔, 잔잔한 바다,
내 절망을 비추는 거대한 거울!

70. 묘지

어느 우울하고 음산한 밤
한 선한 그리스도인이, 베푸는 마음으로,
어느 오래된 잔해 뒤편에
우쭐대던 그대 육신을 땅에 묻는다면,

정결한 별들이
무거워진 눈을 감는 그 시간,
거미는 거기에 줄을 치고,
독사는 새끼들을 낳으리라.

한 해 내내 그대는 들으리라
단죄된 그대 머리 위로
늑대들과 굶주린 마녀들의

비참한 울음소리,
음탕한 늙은이들의 농지거리와
사악한 무뢰한들의 모략을.

71. 어떤 괴기스런 판화

이 기묘한 유령이 치장한 것이라곤
제 해골 이마에 기괴하게 눌러 쓴
카니발을 떠오르게 하는 흉측한 왕관 하나.
박차도 채찍도 없이, 그는 말 한 마리를 헐떡이게 하고,
그와 같은 유령, 소름끼치는 늙다리 말은,
간질병에 걸린 듯 콧구멍에서 거품을 내뿜는다.
그 둘은 하늘을 헤치고 힘껏 내달리며,
무모한 발굽으로 무한을 짓밟는다.
말은 이름 없는 군중을 짓이기고
기사는 그 위에서 번쩍이는 검을 휘두르며,
하인을 시찰하는 군주처럼,
끝이 보이지 않는, 광활하고 삭막한 묘지를 이리저리 살피니,
거기에는 창백하고 흐릿한 햇빛 아래,
고대와 현대 역사의 민중들이 누워 있다.

72. 행복한 송장

달팽이들 그득한 어느 기름진 땅 속에
나 내 손으로 깊은 구덩이 하나 파서,
내 늙은 뼈들 한껏 펼치고
파도 속 상어처럼 망각 속에 잠들고 싶다.

나 유언도 싫고 무덤도 싫으니,
세상 사람들의 눈물 한 방울 애걸하기보다,
산 채로, 까마귀들 불러들여
내 추한 해골 구석구석 쪼아 먹게 하리라.

오, 구더기들! 귀도 없고 눈도 없는 어둠의 벗들이여,
홀가분하고 행복하게 너희 곁으로 가는 송장을 보아라.
방탕한 철학자들이여, 부패의 자식들이여,

그러고는 내 파멸에 거리낌 없이 파고들어,
아직도 어떤 고통이 남아 있는지 알려 다오
영혼 없이 송장들 사이에 죽어 있는 이 늙은 육신에게!

73. 증오의 물통

증오란 다나이데스[32]의 초라한 물통.
붉고 억센 팔을 가진 광란의 **복수**가
커다란 양동이마다 망자들의 피와 눈물을 가득 채워
컴컴한 빈 통 속에 쏟아 부어도 아무 소용없네,

설령 **복수**가 망자들을 되살리고,
그들의 육신을 부활시켜 쥐어짠다 해도
악마가 물통 저 깊숙이 몰래 구멍을 내놓았으니,
수천 년의 땀과 수고가 그리로 빠져나가네.

증오란 어느 선술집 구석의 주정뱅이,
그리하여 마실수록 갈증이 심해지는 술 같고,
레르나의 히드라[33]처럼 계속 늘어나는 것만 같네.

- 행복한 술고래들은 어느 순간 굴복할 줄 알지만,
증오는 술에 잔뜩 취해 아무데서나 잠들지도 못하고
저 가련한 운명에 얽매여 있네.

---

32 다나이데스는 '다나오스의 딸들'이라는 뜻으로, 그리스 신화에 등장하는 다나오스의 딸 50명을 일컫는다. 이들은 아버지의 명령으로 첫날밤에 남편 50명을 살해했고, 그 죄로 저승에서 구멍 난 항아리에 영원히 물을 붓는 형벌을 받았다.
33 그리스 신화에 등장하는 뱀처럼 생긴 괴물. 레르나 호수에 살며 머리가 여러 개인 히드라는 머리 하나가 잘리면 그 자리에 두 개의 머리가 돋아난다.

74. 금이 간 종

쌉쌀하고도 감미롭네, 겨울밤이면,
굼실굼실 연기를 피우는 화롯가에서,
안개 속 울려 퍼지는 종소리에 맞춰
아득한 추억들이 유유히 떠오르는 소리를 듣는 일은.

막사에서 보초를 서는 늙은 병사처럼
낡고 오래 되었으나 날렵하고 건재하여,
제 거룩한 외침을 성실하게 내지르니,
힘찬 목청을 가진 종은 행복하여라!

나, 내 영혼은 금이 가 있으니, 비탄에 사로잡힌
영혼이 밤의 차가운 대기를 노래로 가득 메우려 해도,
그 목소리 자꾸만 잦아들어

피로 물든 호숫가, 거대한 시체 더미 아래
갖은 애를 쓰지만 속절없이 죽어가는
어느 방치된 부상자의 거친 숨소리처럼 들릴 뿐.

75. 애수

온 도시에 잔뜩 성이 난 비오는 계절이,
묘지 근처에 사는 창백한 사람들에게는 침울한 냉기를
부연 안개에 싸인 변두리 사람들에게는 죽음의 운명을
억수같이 퍼붓는다.

땅바닥에서 푹신한 곳을 찾아 헤매는 내 고양이는
홀쭉하고 비루먹은 몸을 쉴 새 없이 흔들어대고,
어느 늙은 시인의 영혼은 추위에 떠는 유령처럼 구슬픈 목소리
를 내며 처마 밑 빗물받이 안에서 이리저리 떠돈다.

커다란 종은 통곡하고, 연기를 피워 올리는 장작은
감기 걸린 추시계 소리에 높고 여린 화음을 곁들이는데
그러는 동안 수종병[34]에 걸린 한 노파의 비참한 유산 같은,

고약한 냄새 잔뜩 베인 한 묶음의 카드에서,
잘생긴 하트 잭과 스페이드 퀸은
처량하게 자기들의 지나간 사랑을 이야기한다.

---

34 복부에 물이 차서 심장, 신장, 간 등 장기를 압박하고 전신 부종을 유발하는 병.

76. 애수

나 천 년을 산다 해도 지금보다 더 많은 기억을 갖지는 못하리라.

계산서들, 시 원고들, 연애편지들, 송장들, 소설들,
그리고 영수증에 둘둘 말린 무거운 머리타래가
서랍마다 그득한 커다란 장롱도
우울한 내 머리보다 감추고 있는 비밀이 많지 않으리라.
그것은 공동묘지보다 더 많은 망자들을 품고 있는
피라미드요, 거대한 납골당.
— 나는 저 달이 몹시 싫어하는 무덤,
회한처럼 기어 다니는 저 기다란 구더기들이
내가 무척 사랑한 망자들에게 밤낮으로 악착같이 들러붙는다.
나는 시든 장미꽃으로 가득한 낡은 침실,
유행 지난 옷들이 뒤엉킨 채 널브러져 있고,
처량한 파스텔화와 아련한 부셰[35]의 그림들만이
쓸쓸히, 마개 열린 향수병의 향기를 들이마신다.

절름거리는 나날들보다 지루한 것은 없으니,
눈 내리는 한 해 한 해 무거운 눈송이들 맞으며

---

35 프랑수아 부셰(François Boucher, 1703~1770). 18세기 프랑스 로코코 미술의 전성기를 대표하는 화가로 은은하고 화사한 파스텔 색조를 사용하여 자신만의 독특한 화풍을 만들어냈다.

음울한 무관심의 열매인 권태는,

불멸의 존재로 거듭난다.

— 오, 살아있는 존재여! 이제부터 너는

그저 막연한 두려움에 휩싸인, 저 먼 사하라 사막 깊숙한 곳에서

설핏 잠든 화강암 덩어리일 뿐.

지도에서도 지워지고, 무심한 세상에게 외면당한

늙은 스핑크스, 그 사나운 성미는

오직 태양빛이 저물 때에야 누그러진다.

77. 애수

나는 부유하나 무능하고, 젊으나 무척 늙어 보이는

비가 많이 나라의 왕 같아서,

자기 스승들의 아첨은 거들떠보지 않고,

다른 짐승들에게 그렇듯 개들에게도 넌더리를 내네.

사냥도, 매도, 발코니 앞에서 죽어가는 백성도

그 어떤 것도 그를 즐겁게 하지 못하네.

그가 아끼는 광대의 우스꽝스러운 노랫가락도

이 참혹한 병자의 찌푸린 이맛살을 펴주지 못하네.

백합 문양이 장식된 그의 침대는 무덤이 되고,

왕이라면 무턱대고 멋지다 말하는 시녀들이

제 아무리 관능적으로 치장을 해도

저 젊은 해골에게서 미소 한 번 끌어내지 못하네.

그에게 금을 만들어주는 연금술사마저 결코

그의 마음에서 타락한 부분을 도려내지 못했으며,

로마 시대부터 전해 내려와,

권력자들이 늘그막에 추억하는 피의 목욕으로도,

피 대신 레테[36]의 푸른 강물이 흐르는

저 얼빠진 송장 같은 몸을 따뜻하게 덥힐 수 없었네.

---

36 그리스 신화에 등장하는 망각의 여신 레테의 이름을 딴 저승에 존재하는 망각의 강. 망자가 레테의 강물을 마시면 전생의 기억을 모두 잃게 된다.

78. 애수

낮게 내려앉은 무거운 하늘이 덮개처럼
기나 긴 우수에 사로잡혀 신음하는 영혼을 짓누르고,
지평선을 온통 껴안은 채
밤보다 더 음울한 검은 낮을 우리에게 퍼부을 때,

대지가 축축한 지하 독방이 되어,
소망이 한 마리 박쥐처럼,
소심한 날갯짓으로 벽을 치고
눅눅한 천장에 머리를 부딪칠 때,

내리는 비가 거대한 빗금을 그어
광대한 감옥의 창살처럼 보일 때,
고약한 거미 떼들이 소리 없이 다가와
우리 머릿속 깊숙이 거미줄을 칠 때,

종들이 불현듯 미친 듯이 흔들리고
하늘을 향해 끔찍한 비명을 내지르니,
고향도 없이 떠돌며
하염없이 구슬피 울어 대는 망령들 같네.

- 북소리도 음악도 없는 긴 상여의 행렬이,
내 영혼 속에서 느릿느릿 줄지어 가고, **희망**은,
주저앉아 눈물 흘리고 사납고 포악한 **불안**은,
고개 숙인 내 머리 위에 검은 깃발을 꽂네.

79. 망상

거대한 숲이여, 너는 대성당처럼 나를 두렵게 한다.

너는 오르간처럼 울부짖고, 저주받은 우리네 마음 속,

초주검이 된 늙은 몸이 떨고 있는 영원한 애도의 방 안에서는,

네가 외치는 '데 프로푼디스(De profundis)[37]가 메아리로 되돌아

온다.

나 너를 증오한다, **바다**여! 날뛰며 소란스러운 네 모습,

내 영혼은 제 안에서 그 모습을 발견하니, 패배한 인간의

슬픔과 모욕으로 가득한 저 씁쓸한 웃음,

바다의 거대한 웃음 속에서 들려온다.

오, 밤이여, 저 빛으로

누구나 아는 말을 해대는 저 별들만 없다면!

나 너를 좋아하련만!

나 공허와 어둠과 벌거숭이를 찾고 있으니!

허나 어둠은 그 자체가 화폭이라

그 위에서 살아간다, 내 눈에서 무수히 솟아나온

익숙한 눈길의 사라진 존재들.

---

37 'De profundis clamavi ad te, Domine(주님, 깊은 곳에서 당신께 부르짖나이다)'는 시편
130편의 라틴어 첫 구절로 가톨릭 전례에서 죽은 이를 위한 기도로 자주 사용된다.

80. 공허의 맛

지난 날 싸우기를 좋아한 침울한 영혼이여,
박차를 가하며 네 열정을 불러일으키던 **희망**은
이제 네 위에 올라타려고도 하지 않는구나! 뻔뻔하게 드러누워라,
번번이 돌부리에 걸리고 마는 늙은 말이여.

체념하라, 내 마음이여, 짐승처럼 잠들어라.

패배하여 녹초가 된 영혼이여! 늙은 좀도둑이여, 너에게는,
이제 사랑도 싸움도 아무런 맛이 없으니,
나팔의 노래여, 피리의 탄식이여, 이제 안녕히!
쾌락이여, 침울하고 언짢은 마음을 더는 유혹하지 마라!

사랑스러운 **봄**도 그 향기를 잃어버렸구나!

그리고 **시간**은 일 분 일 분 나를 집어 삼킨다,
눈이 푹푹 나려 뻣뻣해진 육신을 집어 삼키듯.
- 나 저 위에서 둥근 세상을 바라보지만,
이제 몸을 피할 오두막 하나 찾을 수 없다.

쏟아지는 눈이여, 너 하늘에서 떨어지며 나를 휩쓸어 가려는가?

81. 고통의 연금술

어떤 이는 제 열정으로 그대를 환히 비추고,
다른 이는 그대 안에 제 슬픔을 쏟아낸다, **자연**이여!
어떤 이에게는 무덤! 이라 말하더니
다른 이에게는 생명과 영광!이라 말한다.

나를 도우면서도 언제나 나를 주눅 들게 했던
미지의 헤르메스[38]여,
그대는 나를 가장 우울한 연금술사,
미다스의 맞수로 만든다.

그대로 인해 나는 황금을 쇠로 바꾸고,
천국을 지옥으로 바꾼다.
하얀 수의 같은 구름 속에서

나는 소중한 시신 한구 찾아내어,
천국 기슭에
거대한 석관들을 만든다.

---

38 연금술의 창조자 헤르메스 트리스메기스투스(각주 1) 참조).

82. 기꺼운 두려움

네 운명처럼 번뇌하는
저 기묘하고 창백한 하늘에서
네 텅 빈 영혼 안으로 어떤 생각들이
내려오는가? 대답해 보라, 탕자여.

모호한 것과 막막한 것을
끈질기게 갈망하는 나는
고대 로마의 낙원에서 추방당한
오비디우스[39]처럼 한탄하지 않으리라.

모래밭처럼 흩어진 하늘
그대 속에 나의 오만함이 비치네.
슬픔에 빠진 그대의 넓디넓은 구름은

내 꿈의 상여,
그대의 희미한 빛은
내 마음이 기꺼워하는 **지옥**의 반사광.

---

39 고대 로마시대를 대표하는 시인. 서기 8년에 로마의 초대 황제 아우구스투스의 명령으로
현재 흑해의 외딴 마을로 돌연 추방됐다. 이후 유배의 고통을 표현하고, 귀향을 간청하는 시
를 다수 남겼으나 결국 유배지에서 숨을 거둬 로마 땅을 다시 밟지 못했다.

83. 자신에게 형벌을 내리는 자

- J.G.F 에게

나 너를 후려치리라, 분노도
증오도 없이, 백정처럼,
모세가 바위를 치듯이!
하여 나 너의 눈꺼풀에서,

나의 사하라 사막을 적실,
고통의 물을 솟구치게 하리라.
희망으로 부풀어 오른 내 욕망은
찝찔한 네 눈물 위에서 헤엄치리라

먼 바다로 나아가는 배처럼,
하여 네 눈물에 취한 내 마음 속에서
네 소중한 흐느낌이 울려 퍼지리라
돌격을 알리는 북소리처럼!

탐욕스런 **모순**
나를 흔들고 물어뜯으니,
나는 저 거룩한 교향곡 속에서
조화를 깨뜨리는 불협화음이 아닐런가?

저 째지는 소리, 내 목소리 안에 있네!
내 피는 온통 저 검은 독약!
나는 불길한 거울
악마 같은 여인이 제 얼굴을 비춰보네.

나는 상처이자 칼!
나는 뺨을 때리는 손이자 뺨!
나는 눌리는 사지이자 짓누르는 바퀴,
희생자이자 가해자!

나는 내 심장의 흡혈귀,
- 영원히 웃어야 하는 형벌을 받고도
다시는 웃을 수 없는
저 방탕한 귀족들 가운데 하나!

84. 돌이킬 수 없는

I

한 **생각**, 한 **형상**, 한 **존재**가

푸른 하늘에서 떠나

질퍽한 납빛 스틱스 강[40]으로 떨어졌네

하늘의 어떤 눈이라도 꿰뚫어 볼 수 없는 그곳으로.

무모한 여행자, 한 **천사**가

기괴한 것들의 매력에 이끌려,

막막한 악몽 깊숙한 곳에서

헤엄치는 사람처럼 발버둥 치며

싸우네, 죽음 같은 불안이여!

미치광이처럼 노래하며

암흑 속에서 빙빙 도는

저 거대한 소용돌이에 맞서.

저주에 걸린 불행한 한 사람

뱀들이 득시글거리는 곳에서 벗어나려고

빛과 열쇠를 찾으려

---

40 그리스 신화에 등장하는 저승의 강. 돌이킬 수 없는 죽음을 상징한다.

더듬거리지만 헛수고.

형벌 받은 한 사람이 등불도 없이
냄새만으로 난간도 없는 영원의 계단
깊이를 알 수 없는 그 축축한
심연의 가장자리로 내려가니,

흉악한 괴물들이 지켜보고 있네
반짝반짝 빛나는 커다란 두 눈
밤을 한층 어둡게 하여
오직 그 눈만이 보이네.

수정으로 된 덫에 걸린 것처럼
극지에 갇힌 배 한 척
어떤 죽음의 해협을 거쳐
저 감옥으로 떨어졌는지를 기억하려 애쓰네.

- 돌이킬 수 없는 어떤 운명의
또렷한 상징들, 완벽한 그림은
다시금 생각하게 하네
악마는 자신의 일을 언제나 빈틈없이 해낸다는 것을!

II

음울하고도 생생한 단둘만의 대면

그것은 제 모습을 비추는 거울이 된 마음!

맑고도 검은 **진리**의 우물

그곳에서 푸르스름한 별 하나가 떨고 있네,

지옥 같은 냉소적인 등불 하나

악마의 은총이 타오르는 횃불

단 하나의 위안이자 영광,

- **죄악** 속에 있음을 깨닫는 일!

85. 괘종시계

괘종시계! 불길하고 두려운 냉정한 신,
그 손가락이 우리를 으르며 말하니, "기억하라!
바들거리는 **고통**이 두려움 가득한 네 가슴에
머지않아 과녁인 듯 꽂히리라.

어렴풋한 **쾌락**은 지평선 너머로 사라지리라,
무대 뒤편으로 사라지는 실피드[41]처럼.
매 순간순간은 저마다에게 허락된 호시절의
환희를 네게서 야금야금 앗아간다.

한 시간에 삼천육백 번, **초(秒)**는
속삭이네. 기억하라! - 재빠르게,
벌레 같은 목소리로 **현재**는 말한다, 나는 **먼 옛날**이니,
내 더러운 빨대로 네 생명을 빨아먹었노라!

리멤버! 수비엥 투아![42] 탕자여! 에스토 메모르![43]
(금속으로 된 내 목구멍이 온갖 언어로 말하노라.)
언젠가 사라질 경솔한 인간이여, 일 분 일 분은 원석이니

---

41 프랑스 발레 작품 <라 실피드(La Sylphide)>에 등장하는 바람의 요정.
42 '기억하라(Souviens-toi)'는 뜻의 프랑스어.
43 '기억하라(Esto memor)'는 뜻의 라틴어.

그 속에서 황금을 추려내기 전까지 결코 놓치지 말라!

기억하라, 시간은 탐욕스런 노름꾼임을
속임수 없이도 번번이 이기니! 그것은 율법.
낮은 짧아지고 밤은 길어지니, 기억하라!
심연은 언제나 갈증에 시달리고, 물시계는 텅 비어간다.

곧 시계가 종을 칠 것이니, 거룩한 **우연**도,
아직 동정인 네 아내의 존귀한 **순결**도,
회한마저도(오! 최후의 감옥이여!),
모든 것이 네게 말하리라, **죽어라**, 비겁한 늙은이여! 이제 너무
늦었다!"

파리의 정경

Tableaux Parisiens

86. 풍경

나, 순결하게 내 전원시(田園詩)를 짓기 위해,
점성술사들처럼 하늘 가까이,
종탑 옆에 누워 꿈꾸듯
바람에 실려 오는 장엄한 찬가를 듣고 싶어라.
나 두 손을 턱에 괸 채, 내 다락방 꼭대기에서
노래하고 수다 떠는 일꾼들을,
저 도시의 돛대 같은 굴뚝들을, 종탑들을,
그리고 영원을 꿈꾸게 하는 드넓은 하늘을 바라보리라.

달콤하여라, 안개 너머로,
하늘에 별이 떠오르고 창가에 등불이 켜지고
석탄가루 뒤섞인 강물이 하늘로 올라가고
달이 제 창백한 매력을 뽐내는 것을 보는 일.
나 봄, 여름, 가을이 오는 걸 지켜보리라,
그리고 지루하게 눈 내리는 겨울이 오면,
여기저기 커튼과 덧창을 내리고
어둠 속에 나만의 환상적인 궁전을 지으리라.
그러면 나는 푸르스름한 지평선을,
정원을, 하얀 대리석 석상들을 타고 흘러내리는 분수를,
입맞춤을, 밤낮으로 노래하는 새들을,

그리고 **전원시**에 담긴 더없이 천진한 모든 것들을 꿈꾸리라.

소란이 내 유리창에 휘몰아친들

책상에 코를 박고 꼼짝 않는 내 얼굴을 들게 하지 못하리라.

나는 내 의지로 **봄**을 불러내고,

내 마음에서 태양을 이끌어내,

내 불타오르는 생각으로 따사로운 후광을 만들어내는

그런 기쁨에 **빠져있을** 테니까.

87. 태양

은밀한 욕정의 피난처, 덧창들 매달린
허름한 집들이 늘어선 오래된 성 밖 길 따라
도시에, 들판에, 지붕에, 밀밭에,
포악한 태양이 겹겹이 내리쬘 때,
구석구석에서 운율의 우연을 느끼고,
길가 돌부리에 걸려 넘어지듯 낱말에 걸려 넘어지며,
오랫동안 꿈꿔온 시구와 때때로 부딪히기도 하면서,
나 홀로 기묘한 나만의 검술을 연습하러 가네.

빈혈증이 가장 두려워하는, 은혜를 베푸는 저 아버지는,
들판에서 장미들을 깨우듯 시구들을 깨우네.
그는 근심들을 하늘로 날려 보내고,
머릿속과 벌통을 꿀로 가득 채우네.
목발 짚은 자들을 다시 젊게 하여
앳된 소녀들처럼 쾌활하고 순하게 만드는 것도,
언제나 활짝 피어나고 싶어 하는 불멸의 마음속에서
수확될 곡식들에게 자라나고 익으라고 명하는 것도 바로 저 태양!

저 태양 마치 시인처럼 도시에 내려올 때,
더없이 비천한 것들의 운명을 고귀하게 하고,

조용히, 하인도 없이, 왕처럼
모든 보호소와 모든 궁전에 들어가네.

88. 구걸하는 붉은 머리칼 소녀에게

붉은 머리칼의 창백한 소녀여,
네 구멍 난 옷 사이로
가난과 아름다움이
　　드러나니,

병약한 시인, 나에게,
주근깨투성이의
네 허약한 어린 육신,
　　보드라워 보이는구나.

너는 벨벳 버스킨[44]을 신은
소설 속 여왕보다
더 우아하게
　　투박한 나막신을 신고 있다.

너무 짧은 누더기 옷 대신,
궁전의 화려한 드레스
길고 요란스런 주름이
　　네 발꿈치에 스친다면,

---

44 신발의 앞부분을 끈으로 조이는 형식의 반장화. 14~17세기에 주로 착용했다.

구멍 난 스타킹 대신
방탕한 자들의 눈을 위해
네 다리의 황금 단검이
　　더욱 반짝거린다면,

느슨해진 매듭 사이로
우리의 죄악을 위해
두 눈처럼 빛나는
　　네 아름다운 젖가슴이 드러난다면,

네 옷을 벗기려 할 때는
네 두 팔이 점잔을 빼며
희롱하는 손가락들을
　　장난스럽게 밀쳐낸다면,

족쇄를 찬 네 연인들이
더없이 아름다운 진주 같은,
대시인 레미 벨로45의 소네트를
　　끊임없이 네게 바친다면,

시답잖은 시인들이
갓 쓰여진 시들을 네게 바치며

---

45 레미 벨로(Rémy Belleau), 16세기 프랑스 시인.

계단 아래에서

　　네 신발을 우러러 본다면,

우연에 이끌린 수많은 시종들과,

수많은 귀족들과, 수많은 롱사르[46]들이

희롱하듯 네 싱그럽고 은밀한 곳을

　　흘끔흘끔 훔쳐보리라!

네 침대에는

백합꽃보다 더 많은 입맞춤이 있을 것이며

발루아의 왕족들조차

　　네 율법에 복종하리라!

- 허나 너는 광장의

베푸르[47] 식당 문간에 버려진

오래된 음식 부스러기를 찾아

　　구걸을 하고 있다,

너는 29푼짜리 싸구려 보석을

기웃거리지만

오! 용서해 다오! 나는 네게

---

46 피에르 드 롱사르(Pierre de Ronsard), 16세기 프랑스 시인.
47 베푸르(Véfour), 18세기에 파리에 문을 연 귀족들이 드나들던 고급식당.

그것조차 줄 수가 없구나.

그러니 가라, 아무런 장식 없이,
향수도 진주도 다이아몬드도 없이,
오로지 네 가냘픈 알몸만으로,
　　오, 나의 아름다운 소녀여!

89. 백조

- 빅토르 위고에게

I

안드로마케[48]여, 나 당신을 떠올리네! 저 작은 강,

한때 찬란히 빛났으나 이제 초라하고 흐릿한 거울,

남편 잃은 당신의 장엄한 고통을 비추었던 곳,

당신의 눈물로 불어난 가짜 시모에이스[49] 강,

새로 생긴 카루젤 광장을 지날 때,

불현듯 내 풍성한 기억이 깨어났네.

그 옛날의 파리는 이제 없구나 (애석하도다! 한 도시의 모습은

사람의 마음보다 더 빨리 변하니).

이제는 오직 마음속에서만 볼 수 있네, 막사들이 있던 저 기지,

형체만 있는 기둥의 머리와 몸체 더미,

잡초들, 물웅덩이에 젖어 퍼레진 커다란 돌덩이들,

그리고 창유리에 빛나는 뒤죽박죽 잡동사니들.

예전에 거기에는 동물원이 하나 있었지.

---

48 트로이 전쟁의 영웅 헥토르의 아내.

49 그리스 신화에 등장하는 시모에이스 강을 지키는 신의 이름이자 그 강의 이름. 트로이 인들의 조상이자 수호자이다.

거기에서 나는 보았네, 어느 아침, 차갑고 맑은
하늘 아래 **노동**이 깨어나고, 쓰레기장이
고요한 대기 속에서 거무죽죽한 태풍을 일으키던 그 시간,

새장에서 도망친 백조 한 마리,
물갈퀴 발로 마른 돌길을 비비며,
울퉁불퉁한 바닥 위에 하얀 깃털을 질질 끌며 걸어갔네.
물이 마른 개울가에서 백조는 부리를 벌리고

먼지밖에 없는 개울에 짜증스레 제 날개를 담그며
제가 태어난 아름다운 호수를 마음 가득 떠올리며 말했네.
"물아, 너는 대체 언제 비가 되어 내릴 테냐? 천둥아, 너는 언제
쯤 내리 칠 테냐?"
나 저 가련한 백조를 보네, 기이하고 불행한 신화 같은 짐승,

때때로 오비디우스의 인간처럼, 하늘을 향해,
지독하게 푸르러 조롱하는 듯한 하늘을 향해,
실룩거리는 목을 죽 뻗고 굶주린 머리를 드니
신에게 원망을 퍼붓는 것만 같네!

II

파리는 변했으나! 내 애수 속에서는 아무것도
변하지 않았네! 새 궁전들, 짓다 만 건물들, 돌덩이들,
오래된 변두리까지, 그 모든 것이 내게 알레고리가 되니
내 소중한 추억들은 바위보다도 무겁네.

그리하여 저 루브르 궁전 앞에 서면, 하나의 초상이 나를 짓누
르네.
나 커다란 백조를 떠올리네, 나 광란의 몸짓을 하며,
망명자들처럼, 우스꽝스럽지만 숭고하게
한없는 욕망에 번민하던 백조를! 그리고 이내 당신을 떠올리네,

안드로마케여, 훌륭한 남편의 품에서 떨어져 나와,
오만한 피로스[50]의 손아귀에 갇힌 채, 비천한 가축처럼,
빈 무덤 곁에 멍하니 웅크리고 있는
헥토르의 미망인이여, 아아! 헬레노스[51]의 아내여!

나 흑인 여인을 떠올리네, 폐병에 걸려 깡마른 몸으로
진창을 헤매며, 겁에 질린 눈으로,
찬란한 아프리카의 사라져 버린 야자수들을 찾아
막막한 안개 장벽 너머를 바라보던 여인을,

---

50 트로이 전쟁의 영웅. 아킬레우스의 아들로 트로이를 함락하고 헥토르의 아내 안드로마
케를 포로로 잡았다.
51 트로이의 왕자. 피로스가 죽은 뒤 안드로마케와 결혼한다.

그리고, 다시는, 다시는, 되찾을 수 없는 것을
잃어버린 모든 이들을 떠올리네! 눈물에 젖어
순한 어미 늑대의 젖을 빨듯 **고통**을 빨아먹는 이들을!
시들어 가는 꽃처럼 여윈 고아들을!

이렇게 내 영혼이 숲 속으로 유배되었을 때,
오래된 **추억** 하나 있는 힘껏 뿔피리를 부네!
하여 나 떠올리네, 어느 섬에 버려진 뱃사람들을,
포로들을, 패배자들을......! 또 다른 많은 이들을!

90. 일곱 늙은이들

- 빅토르 위고에게

북적이는 도시, 꿈으로 가득한 도시,
대낮에도 망령이 행인에게 말을 거는 곳!
비밀들은 강대한 거인의 좁은 관 속에서
수액처럼 사방으로 흘러간다.

어느 날 아침, 우울한 거리에서
안개가 저 위로 길게 늘여놓은 집들이,
불어난 강의 양 기슭처럼 보일 때,
배우의 영혼을 닮은 광경,

칙칙하고 누런 안개가 온 천지에 가득 넘칠 때,
나는 주인공처럼 신경을 곤두세운 채
벌써 고단해 하는 내 영혼과 입씨름하며
무거운 짐수레에 들썩이는 변두리 길을 걷고 있었다.

느닷없이, 한 늙은이 비 내리는 하늘빛을 닮은
누런 누더기를 걸치고
그 눈에 번뜩이는 악의가 아니었다면,
사람들의 동정심을 자아냈을 법한 꼴을 하고는,

내 앞에 나타났다. 쓸개즙에 절여진 듯한
그의 눈동자는 서릿발을 날카롭게 할 만큼 매서웠고,
기다란 수염, 칼처럼 빳빳하여,
유다의 수염을 보는 듯했다.

굽은 것이 아니라 부러진 그의 등뼈
다리와 정확하게 직각을 이루며,
지팡이가 그의 몰골을 완성하니,
그 모양새와 어설픈 걸음걸이

절뚝거리는 네발짐승 같기도 하고 세 발 유대인 같기도 했다.
눈과 진창 속에서 허우적대는 그 늙은이,
망자들을 낡은 신발로 짓밟는 것처럼 걸으니,
그는 세상에 무관심하기보다 적의를 품고 있는 듯했다.

수염이며, 눈, 등허리, 지팡이, 누더기, 어느 하나 다를 것 없는,
그와 똑같은 늙은이 그 뒤를 따르고 있었으니, 같은 지옥에 서 온,
저 백 살 먹은 쌍둥이, 저 괴이한 망령들은
같은 걸음으로 미지의 목적지를 향해 나아가고 있었다.

대체 나는 어떤 끔찍한 음모의 표적이 된 것일까,
아니면, 어떤 고약한 우연이 나를 이렇게 모욕하는 것일까?

일 분 일 분마다, 계속해서 늘어나는
저 불길한 늙은이들을 일곱 번이나 마주치지 않았던가!

나의 불안을 비웃는 자여,
그리고 나처럼 두려움에 전율하지 않는 자여
가만히 생각해 보라, 그토록 노쇠했건만
저 흉측한 일곱 괴물들 불멸의 존재처럼 보였다는 것을!

나는 과연 죽지 않고, 여덟 번째 늙은이를 만날 수 있었을까,
모질고, 냉소적이고, 치명적인
저 비열한 **불사조**, 저 자신의 아들이자 아비를?
- 허나 나는 그 지옥의 행렬에서 도망쳤다.

모든 것이 두 개로 겹쳐 보이는 주정뱅이처럼 노여워하며,
나는 집으로 돌아왔다, 문을 닫았다, 겁에 질려,
괴로워하며, 기진맥진 한 채, 마음은 열에 들떠 혼미해져서,
수수께끼와 부조리에 상처 입고서!

이성의 방향키를 잡으려 했으나 부질없는 일.
폭풍이 희롱하며 그 노력을 방해하니,
내 영혼은 일렁이고, 또 일렁였다, 돛대도 없이,
거대하고 끝없는 바다 위에 떠 있는 낡은 거룻배처럼!

91. 쪼그라든 노파들

- 빅토르 위고에게

I

오래된 도시들의 구불구불한 골목길 속,

그곳에선 모든 것이, 두려움마저 매혹으로 바뀌니,

나는 피할 길 없는 기분에 이끌려,

기이하고 늙어빠진, 허나 매력적인 존재들을 훔쳐본다.

저 일그러진 괴물들도 한때는 여자였지,

에포닌[52]이었을까, 라이스[53]였을까! 상처 입었거나, 등이 굽었거나,

뒤틀린 저들을 사랑하자! 저들도 아직은 인간이니.

구멍 난 치마와 추워 보이는 넝마를 걸치고

괴물들이 기어간다, 그들에게만 가혹한 북풍에 매질당하며,

합승마차 굴러가는 굉음에 오들오들 떨면서,

꽃이나 그림 수수께끼가 수놓인 자그마한 가방 하나,

유물인 양, 옆구리에 끼고서.

그들이 종종걸음 친다, 꼭두각시 같은 모습으로,

---

52 선한 여자의 상징.
53 악한 여자의 상징.

기신기신 걸어간다, 상처 입은 짐승들처럼,
더러는 흔들리고 싶지 않으나 흔들린다, 비정한 **악마**가
매달려 있는 가련한 방울들처럼! 완전히 망가졌으나

그들의 두 눈 송곳처럼 날카롭고,
한 밤에 잠든 물웅덩이처럼 반질거린다.
그들의 눈은 빛나는 것이라면 무엇이든 놀라서 웃는
앳된 소녀의 눈처럼 성스럽다.

그대 살펴 본 적 있는가, 노파들의 수많은 관들이
어린애의 관만큼이나 작다는 것을?
예사로운 **죽음**은 비슷비슷한 관들 속에
기이하고도 매혹적인 취향의 표상을 담으니,

북적이는 파리의 화폭을 가로질러 가는
가냘픈 망령 같은 노파를 힐끗 쳐다볼 때,
나 언제나 저 연약한 존재가 새 요람을 향해
한 걸음 한 걸음 가고 있다 느낀다,

아니면, 기하학에 완전에 몰두해,저 뒤틀린 사지들을 보며,
저 모든 육신들을 제각기 관에 담으려면 목수는 관 모양을
얼마나 많이 바꿔야 할까를 생각해 본다.

- 저 눈들은 백만 개의 눈물을 머금고 있는 우물이요,

차게 식은 금속이 총총 박혀 있는 도가니......

참혹한 **불행**의 젖을 빨았던 자라면

저 신비한 눈들의 매력을 뿌리칠 수 없으리라!

II

프라스카티[54]의 옛 여신, 사랑에 빠진 베스탈이여[55],

아아! 탈리아[56]의 여사제여, 무대 뒤 대사 일러주는 이가 죽은 뒤

이름도 잊힌, 한때 티볼리[57]의 그늘 아래

가장 아름다운 시절을 꽃피웠던 허영에 들뜬 고명한 여인이여,

그 여인들 모두가 나를 취하게 한다. 허나 그 가냘픈 존재들 중에

는 고통으로 꿀을 만들어내고, 자기들에게 날개를 빌려준

헌신에게 이렇게 말하는 이들이 있지.

힘센 히포그리프[58]여, 나를 하늘까지 데려가 다오!

어떤 여인은, 조국 때문에 불행에 시달리고

또 어떤 여인은, 남편이 지운 고통 때문에,

또 어떤 여인은, 자식 때문에 창에 꿰뚫린 **성모 마리아**가 되니,

그 모두가 흘린 눈물만으로도 커다란 강을 이룰 수 있었으리라!

---

54 고대 로마 도시.

55 고대 로마에서 불의 신을 모시는 베스타 신전을 지키는 6인의 신녀들. 베스탈은 30년 동안 순결을 지키며 베스타 여신 숭배 의식을 집전했다.

56 그리스 신화에 등장하는 희극의 여신.

57 베스탈의 무덤이 있는 로마의 도시.

58 말과 그리핀 사이에서 태어난다는 상상의 동물.

III

아! 나 저 보잘 것 없는 노파들을 얼마나 뒤쫓았던가!
그들 중 한 노파는, 지는 해가
진홍빛 상처로 하늘을 붉게 물들일 즈음,
생각에 잠긴 채, 벤치 한쪽에 앉았지,

기운이 되살아나는 듯한 저 금빛 저녁에,
이따금 공원을 가득 메우고,
도시 사람들의 가슴에 어떤 영웅심을 불어 넣는
군악대의 풍성한 금관악기 합주를 들으려고.

여전히 꼿꼿하고, 당당하며, 원칙을 고수하는 저 노파,
생생하고 호전적인 저 선율 열정적으로 받아들이니,
그 눈 때때로 늙은 독수리처럼 번뜩이고,
그 대리석 같은 얼굴 월계관을 쓰려고 빚어진 것만 같았네!

IV

그렇게 그대들은 나아간다, 담담하게, 불평 한 마디 없이,

활기 넘치는 도시의 혼돈을 가로질러,

애통해 하는 어미들이여, 창녀들이여, 혹은 성녀들이여,

한때 그 이름 모두의 입에 오르내렸던 이들이여.

매력 그 자체였던 그대들을, 영광 그 자체였던 그대들을,

이제 아무도 알아보지 못한다! 스쳐가는 막돼먹은 술주정뱅이는

조롱 섞인 열정으로 그대들을 모욕하고,

한 비굴하고 천한 아이, 그대들의 뒤에서 깡충거리며 놀려댄다.

존재 자체를 부끄러워하며, 쪼그라든 그림자처럼,

겁에 질려, 허리를 굽히고, 벽에 붙어 걸어가는 그대들이여,

이제 아무도 그대들에게 인사를 건네지 않는다, 끔찍한 운명들

이여!

무르익은 영원을 향해 가는 인간의 잔해들이여!

그러나 나, 저 멀리서 다정하게 그대들을 지켜보는 나,

걱정스런 눈으로, 그대들의 불안한 발걸음을 뒤쫓는 나,

나 그대들의 아비라도 된 듯, 오, 놀라워라!

그대들 몰래 비밀스러운 쾌락을 맛보니,

나 그대들의 어설픈 열정이 무르익는 것을 보며,

어둡건 빛나건, 그대들의 잃어버린 날들을 살아간다.
더욱 커진 내 마음은 그대들의 온갖 악덕을 즐기노라!
내 영혼은 그대들의 온갖 미덕으로 반짝이노라!

폐허여! 나의 가족이여! 오, 나와 같은 영혼을 가진 이들이여!
나 저녁이면 그대들에게 장엄하게 작별을 고하노라!
하느님의 무시무시한 발톱에 짓눌린, 여든의 이브들이여,
그대들은 내일 어디에 있을런가?

92. 눈 먼 자들

저들을 가만히 보라, 내 영혼이여, 실로 끔찍하다!
허수아비를 닮은 저들, 어딘가 우스꽝스러우면서도,
무시무시하고, 기묘하여 몽유병자들 같고,
그 캄캄한 눈동자는 어딘가를 쏘아본다.

신성한 불꽃이 사라진 그들의 눈,
먼 데를 바라보는 듯, 언제나 하늘을
향해 있고, 결코 자기의 무거운 머리를
멍하니 길바닥에 떨구지 않는다.

저들은 그렇게 한없는 어둠을 가로지른다,
영원한 침묵의 형제와도 같은 어둠을. 오, 도시여!
네가 우리 곁에서 노래하고, 웃고, 울부짖는 동안,

너는 잔인할 정도로 쾌락에 빠져 있다,
보라! 나 역시 마지못해 가고 있다! 허나 저들보다 더 얼빠진
나는 말한다. 저 모든 눈 먼 자들, **하늘**에서 무엇을 찾고 있는가?

93. 스쳐가는 여인에게

거리의 요란한 소음이 내 주위에서 아우성 칠 때,
훤칠하고 날씬한 몸, 커다란 상복을 입고, 크나큰 고통에 빠진
한 여인이 스쳐갔네, 뽐내듯 한 손으로
단장한 옷자락과 옷단을 들어 올리고 나풀대면서,

매끈하고 우아한, 그 조각 같은 다리로.
나, 나는 정신 나간 사람처럼 덜덜 떨며 들이마셨지,
폭풍이 일어나려는 창백한 하늘같은 그 눈 속에서
매혹시키는 감미로움과 치명적인 쾌락을.

번개처럼 스쳐가더니...그 다음엔 어둠! - 덧없는 아름다움이여
그 눈길 나를 한순간에 되살려 놓았건만,
나 그대를 다시 보게 될 곳은 오직 영원뿐일런가?

이곳과는 아득히 먼, 저 세상에서! 너무 늦었다! 어쩌면 영영!
그대가 사라진 곳 나는 알지 못하고, 내가 가는 곳 그대는 알지 못
하니, 오, 내가 사랑했을지도 모를 그대여, 그리고 그걸 알고 있
던 그대여!

94. 땅 일구는 해골

I
먼지 가득한 저 강둑에 늘어서 있는
해부학 진열대 안,
송장 같은 수많은 책들이
고대 미라처럼 잠들어 있으니,

비록 그 주제 우울하다 해도,
늙은 예술가의 진지함과
지성은 저 삽화들에
아름다움을 불어 넣었고,

저 기묘한 공포를
완성시키는 것은,
살가죽이 벗겨진 **해골들**이
농부처럼 땅을 일구는 모습.

II

체념에 빠진 우울한 농부처럼

그대들의 등뼈로,

아니면 벗겨진 살가죽으로 온 힘을 다해,

파헤치고 있는 이 땅에서,

어떤 진기한 수확물을 거두려 하는지,

말해보라, 시체더미에서 끌려나온 노예들이여,

그대들은 대체 어느 농부의 곳간을

가득 채워야 하는가?

그대들(너무나 가혹한 운명의

무시무시하고도 명백한 상징!)은

보여주려 하는가, 무덤에 들어간다 해도

반드시 안식을 누릴 수는 없다는 것을,

소멸이 우리를 배신하고,

모든 것이, **죽음**마저 우리를 기망하니,

아아! 우리는 어쩌면

영원토록

미지의 어떤 땅에서

거친 땅을 갈며

맨발에 피가 나도록

힘겹게 가래질을 해야만 한다는 것인가?

95. 저녁 어스름

죄인의 친구 같은 매혹적인 저녁이 온다,
공범처럼 살금살금 다가온다,
하늘은 커다란 침실처럼 가만히 닫히고,
달뜬 사내는 야수로 변한다.

오 저녁이여, 사랑스런 저녁이여,
두 팔이 진심으로, 오늘 우리는 일했노라고
말할 수 있는 자가 바라던 시간이여!
- 끔찍한 고통에 시달리는 영혼들을,
머리가 무거워진 고집스런 학자를,
침대에 몸을 누이는 등이 굽은 일꾼을 위로하는 저녁.
하지만 그럴 때 타락한 악마들은 대기 속에서
일하러 가는 사람처럼, 부스스 깨어나,
날아다니며 덧문과 처마를 쾅쾅 두드린다.
바람에 흔들리는 희미한 빛 사이로,
매춘이 이 거리 저 거리에 불을 밝히고,
개미굴처럼 나갈 구멍을 튼다.
그것은 습격을 가하려는 적군처럼,
여기저기 비밀스런 길을 만들고,
추잡한 도시 가운데에서

인간의 먹을 것을 훔치는 버러지처럼 꿈틀거린다.

부엌의 쉭쉭거리는 소리,

극장의 째지는 소리, 오케스트라의 요란한 소리 도처에서 들려

오고,

노름이 별미로 올라오는 여인숙 식탁들은

창녀들과 사기꾼들, 공범자들로 북적인다.

휴식도 인정도 없는 도둑들 역시

이내 자기들의 일을 시작하리라,

그리고 남몰래 문과 금고를 뜯으리라,

며칠 끼니를 때우고 제 애인들에게 옷을 사주려고.

묵상하라, 내 영혼이여, 이 엄숙한 순간에,

그리고 저 울부짖음에 귀를 닫아라.

지금은 병자들의 고통이 더욱 맹렬해지는 시간!

우울한 **밤**이 그들의 목을 조르니, 그들은

자기 운명을 다하고 모두가 가야 하는 구렁텅이로 향한다.

병원은 그들의 탄식으로 가득하다. — 많은 이들이

더 이상 맛있는 수프 냄새에 이끌려

저녁, 난롯가, 사랑하는 이의 곁으로 돌아오지 못하리라.

집의 온기를 한 번도 누려본 적 없고,

진정으로 살아보지도 못한 저 많은 이들이!

96. 노름

빛바랜 안락의자에 앉아 있는 늙은 창녀들,
창백한 얼굴, 그려 넣은 눈썹, 교태롭고 치명적인 눈빛을 하고,
아양을 떠니, 그 비쩍 마른 귀에 매달린
보석과 금붙이들 찰랑거린다.

녹색 도박판을 둘러싼 입술 없는 얼굴들,
생기 없는 입술들, 이 빠진 턱들,
그리고 지옥 같은 열병에 부들부들 떠는 손가락들이
텅 빈 주머니를, 두근거리는 가슴팍을 뒤지고 있다.

남루한 천장 아래 나란히 늘어선 창백한 샹들리에와
커다란 등불이 희미한 빛을 내뿜으며,
피땀 흘린 대가를 탕진하러 온
이름난 시인들의 어두운 얼굴을 비춘다.

이것이 바로 내가 어느 날 밤 꿈속에서
날카로운 눈으로 지켜 본 절망스런 광경.
나는 그 음침한 소굴 한 구석에 앉아,
팔을 괴고, 무심하게, 조용히, 부러워하고 있었다.

그들의 끈질긴 열정을,
그 늙은 창녀들의 공허한 명랑함을,
내 눈앞에서 옛날의 명예를, 제 아름다움을
거리낌 없이 사고파는 그 모두를!

그러다 내 마음은 겁에 질렸다.
활짝 열린 구렁텅이로 맹렬히 달려가,
제 피에 취한 채, 끝내 죽음보다 고통을,
소멸보다 지옥을 택하려는 저 수많은 가련한 자들을 동경하는
내 모습에!

97. 죽음의 무도

- 에르네스트 크리스토프[59]에게

살아 있는 사람처럼, 제 고결한 몸을 뽐내며,

풍성한 꽃다발에, 손수건, 그리고 장갑을 든

그녀는 무사태평하고 나른하여

야릇한 분위기의 비쩍 마른 교태로운 여인 같다.

무도회에서 이보다 더 가느다란 허리를 본 적이 있을까?

화려하고 풍성한 기다란 드레스,

한 송이 꽃처럼 예쁘게, 한껏 치장한 구두가 꼭 감싸고 있는

앙상한 발 위로 수북이 흘러내린다.

바위에 몸을 부비는 관능적인 시냇물처럼,

쇄골 언저리에서 나풀대는 레이스 장식은,

그녀가 숨기고 싶어 하는 애처로운 젖가슴을 향한

언짢은 조롱을 수줍게 막아준다.

그 깊은 눈은 허무와 어둠으로 이루어졌고,

우아하게 꽃 장식을 한 그 두개골은

---

59 에르네스트 크리스토프(Ernest Christophe), 19세기 프랑스에서 활동한 낭만주의 조각
가이다. 보들레르는 그의 조각 작품 <죽음의 무도>에서 영감을 받아 이 시를 쓴 것으로 보
인다.

가녀린 등뼈 위에서 비실비실 흔들린다.
오, 터무니없이 치장된 죽음의 매혹이여.

어떤 이들은 네가 우스꽝스럽게 과장되었다 말하겠지,
육신에 도취한 연인들, 그들은 이해하지 못하지,
인간 뼈대의 형언할 수 없는 우아함을.
커다란 해골이여, 너는 나의 고상한 취향에 꼭 들어맞는구나!

너는 한껏 일그러진 얼굴로, **생명**의 축제를
방해하러 오는 것이냐? 아니면 어떤 해묵은 욕망이,
여전히 살아있는 네 해골을 들볶아,
순진한 너를 **쾌락**의 안식으로 떠미는 것이냐?

바이올린 선율로, 촛불의 불꽃으로,
너를 조롱하는 악몽을 떨쳐버리려 하느냐,
그리하여 네 가슴 속에서 타오르는 지옥을
방탕의 급류에 차게 식히려고 오는 것이냐?

어리석음과 과오가 마를 날 없는 우물이여!
유구한 고통의 영원한 증류기여!
네 굽은 늑골 사이로
만족을 모르는 독사가 여전히 헤매고 있구나.

솔직히 나는 네 교태가

그 노력에 합당한 보상을 받지 못할까 염려된다.

저 인간의 마음들 중 그 누가 네 농담을 알아듣겠느냐?

두려움의 매혹에 취하는 것은 오직 강한 자들 뿐!

네 두 눈의 심연, 끔찍한 생각들로 가득 차,

정신을 혼미하게 하니, 소심한 춤꾼들은

네 서른 두 개 이빨에서 나오는 불멸의 미소를

쓰디 쓴 구역질을 하지 않고는 바라볼 수 없으리라.

그렇지만 해골을 품 안에 끌어안아 보지 않은 자 누구이며,

무덤의 것들로 자라나지 않은 자 누구인가?

향수니, 옷이니, 치장이 다 무슨 소용인가?

죽음에 몸서리치는 자는 자신만은 아름답다 믿는다.

코 없는 무희여, 마음을 사로잡는 창부여,

그러니 저 몸서리치는 춤꾼들에게 말하라.

"오만한 애송이들아, 제 아무리 분칠을 하고 입술을 붉게 물들여도 너희는 모두 죽음의 냄새를 풍긴다! 오 사향내 풍기는 해골들이여,

퇴물이 된 안티노우스[60]들이여, 민숭한 얼굴의 멋쟁이들이여,

---

60 로마시대에 하드리아누스 황제의 총애를 받았다는 전설의 미소년.

유약을 바른 양 반짝이는 송장들이여, 백발성성한 호색꾼들이여,
모두가 추는 죽음의 무도는
알 수 없는 곳으로 너희를 끌고 간다!

센 강의 서늘한 기슭에서 갠지스 강의 뜨거운 강변까지,
필멸의 인간들이 펄쩍 높이 뛰다가 스러진다,
저 위 천장 구멍 속에 **천사**의 나팔이
검은 나팔총처럼 음산하게 활짝 열려 있는 줄도 모르고.

어느 고장에서든, 어느 태양 아래서든, **죽음**은 놀라서 너를 바라
본다. 네 우스꽝스러운 행동을, 가소로운 **인간**이여
그리고 자주, 너처럼 몰약 냄새 풍기며,
네 미친 몸짓을 조롱한다!"

98. 겉모양에 이끌리는 사랑

오, 사랑스런 게으른 여인이여,
천장에서 흩어지는 악기의 선율에
단정하고 느릿한 걸음 멈추고,
깊은 눈빛에 권태를 달고 다니는 너를 볼 때,

네 얼굴을 물들이는 가스등 불빛 아래,
저녁 햇불이 어스름을 밝혀,
퇴폐적인 매력으로 빛나는 네 창백한 얼굴과
초상화의 눈처럼 매혹적인 네 두 눈을 바라볼 때,

나 생각하네. 얼마나 아름다운 여인인가! 이상하리만치 서늘하고!
장엄하고 육중한 탑 같기도 하고, 왕관 같기도 한 수많은 추억,
그리고 복숭아처럼 흠집 난 그녀의 마음은,
그녀의 육신처럼 농익어 능란하게 사랑할 준비가 되어 있다.

너는 더없이 맛있는 가을 열매인가?
눈물 몇 방울 기다리는 죽음의 꽃병인가, 저 먼 오아시스를 꿈꾸게 하는 향기인가,
어루만져주는 베개인가, 아니면 꽃바구니인가?

나는 안다, 더없이 우울한 눈들 중에서도
소중한 비밀 따위 품고 있지 않은 눈들이 있다는 것을,
아름답지만 텅 빈 보석상자, 유골이 없는 유골함처럼,
오, **하늘**이여! 그대 하늘보다 더 공허하고, 더 깊은 그런 눈들이.

허나 진실을 개의치 않는 한 사람을 기쁘게 하는 데는
네 겉모습만으로도 충분치 않은가?
어리석건 무정하건 무슨 상관이랴?
가면이건 겉치레이건, 어서 오라! 나 네 아름다움을 찬미하리니.

99. "나 잊지 않았네, 시내에서 가까운"

나 잊지 않았네, 시내에서 가까운

우리의 하얀 집, 아담하지만 평온했지.

석고로 된 포모나 여신상과 낡은 비너스 상이

앙상한 작은 숲 속에서 벌거벗은 팔다리를 가리고,

저녁이면, 찬란한 햇빛 흘러넘쳐,

빛줄기들 부서지는 창유리 뒤에서,

구경하기 좋아하는 하늘에 커다란 눈을 열듯,

느릿하고 고요한 우리의 저녁 식사를 바라보는 것 같았지,

촛불의 은은하고 아름다운 빛을

소박한 식탁보와 모직 커튼 위에 널리널리 흩뿌리면서.

100. "그대가 시샘했던 너그러운 하녀"

그대가 시샘했던 너그러운 하녀,

이제 허름한 잔디 아래 잠들어 있지만,

그래도 우리는 그녀에게 몇 송이 꽃을 바쳐야 하리라.

망자들, 저 가련한 망자들은, 커다란 고통을 품고 있지,

고목을 가지치기 하는 일꾼 같은 **시월**이

그 쓸쓸한 바람을 망자들의 대리석 묘비 주위에 불어대면,

틀림없이, 그들은 자기들처럼 이불 속에서 포근히 잠든

산 자들을 아주 매정하다 여기겠지,

음울한 망상에 잠식되어,

함께 누울 이도, 다정한 대화도 없이,

구더기에 들볶이는 꽁꽁 언 오래된 해골이 된

그들은 겨울의 눈이 물이 되어 흐르면,

긴 세월이 지나가고 있다 느끼겠지, 무덤 철책에 걸린

누더기가 된 천을 갈아주는 친구도 가족도 없으니.

장작이 쉬익 소리를 내며 노래할 때, 고요한 저녁,

안락의자에 앉아 있는 그녀를 본다면,

차갑고 푸른 십이월 어느 밤에,

내 방 한 구석에 웅크리고 있는 그녀를 본다면,

영원의 잠자리 깊은 곳에서 온, 점잖은 그녀가

어머니 같은 눈으로 장성한 그 아이를 지그시 바라본다면,

푹 파인 그녀의 눈꺼풀에서 눈물방울이 떨어질 때,

나는 사랑하고 존경하는 저 영혼에게 무슨 말을 할 수 있을까?

101. 안개와 비

오, 늦가을이여, 겨울이여, 진창에 젖은 봄이여,
잠을 몰고 오는 계절들이여! 나는 너희를 사랑하고 찬미한다,
안개 같은 수의와 아득한 무덤으로
그렇게 내 마음과 내 머릿속을 감싸주니.

차가운 질풍 노닐고, 기나긴 밤 풍향계가 쇳소리 내는
저 광활한 벌판에서,
내 영혼 따스한 새봄이 올 때 보다
까마귀 같은 날개를 더욱 활짝 펼치리라.

오, 잔뜩 찌푸린 계절들이여, 날씨의 여왕들이여,
오랫동안 찬 서리 내리고 있는
죽음의 것들로 가득 찬 마음에, 그대의 창백한 어둠,

그 변치 않는 광경보다 더 감미로운 것은 없구나,
- 달도 없는 어느 날 밤, 단둘이,
급작스레 침대에서 고통을 어루만지는 일보다는 못하다 해도.

102. 파리지앵의 꿈

- 콩스탕탱 기스[61]에게

I

이 끔찍한 풍경

인간은 결코 본 적 없으나

오늘 아침 여전히

희미하고 아득한 그 초상, 나를 홀리네.

잠은 기적들로 가득하네!

나는 기묘한 변덕에 사로잡혀

제멋대로 돋아난 초목들을

그 풍경에서 없애버렸네

하여, 자기 재능을 자랑스러워하는 화가

나는 내 그림 속

금속과 대리석과 물의

황홀한 단조로움을 만끽했네.

계단과 아케이드가 얽힌 바벨탑

한없이 너른 궁전

---

61 콩스탕탱 기스(Constantain Guys). 19세기 프랑스 화가로 보들레르는 『현대 생활의 화가(Le peintre de la vie moderne)』라는 평전을 펴내며 그의 작품에 찬사를 보냈다.

그곳에 가득한 연못과 폭포
반짝이거나 짙은 금빛 수면 위에 쏟아져 내리고

육중한 폭포수들,
수정 커튼처럼
널따란 금속 벽에 매달려
눈부시게 반짝였네.

나무가 아닌 기둥들에
둘러싸인 잔잔한 연못들,
거인 같은 물의 요정들은 여인들처럼
연못에 제 모습을 비추어 보고 있었네.

푸르른 물결 굽이굽이 흐르고 있었네
분홍빛 초록빛 강둑 사이로
수백만 리를 흘러
세상의 끝을 향해서.

한 번도 본 적 없는 돌들과
경이로운 파도들, 그것은
제가 비추는 모든 것들 덕택에
눈부시게 빛나는 거대한 거울이 되었네!

무심하고 과묵한,
갠지스 강은, 창공에서, 제 항아리에 담긴 보물을
다이아몬드의 심연 속에
쏟아 붓고 있었네.

자기만의 환상의 세계를 만드는 건축가,
나는 내 멋대로,
보석으로 만들어진 터널 아래로
잔잔한 바다를 흘러가게 했네.

그리하여 모든 것이, 검은색마저
반질반질, 맑게, 무지갯빛으로 빛나는 듯했고,
물은 제 영광을
수정처럼 빛나는 빛줄기에 새겨 넣었네.

다른 별도, 태양의 흔적도
하늘 저 낮은 곳에서조차
아무것도 저 기적을 환하게 비추지 않아
그것들은 저 자신의 빛으로 반짝거렸네!

그리고 저 변화무쌍한 경이로움 위로
영원의 고요가 감돌았네(무섭도록 신기한 일!
모든 것은 눈을 위한 것,
귀를 위한 것은 아무것도 없네!).

200

II

불꽃 가득한 두 눈 다시 뜨자
내 누추한 방의 끔찍한 광경이 보이고,
저주받은 근심의 절정,
내 영혼으로 되돌아오는 것 같았네.

음울한 소리 내는 벽시계는
거칠게 정오의 종을 울리고,
하늘은 무겁게 가라앉은 우울한 세상에
어둠을 쏟아 부었네.

103. 새벽 어스름

기상나팔은 연병장에서 노래하고,
가로등 위로 새벽바람이 불고 있었다.

악몽이 떼를 지어
베개 베고 누운 검게 그을린 청춘들을 잡아 비트는 시간,
꿈틀거리며 움직이는 핏발 선 눈처럼,
등불은 여명에 붉은 얼룩을 만들고,
영혼은, 성마르고 육중한 육신의 무게에 눌려,
등불과 새벽처럼 실랑이를 벌인다.
산들바람이 닦아주는 눈물 어린 얼굴처럼,
대기는 사라지는 것들의 떨림으로 가득하고,
사내는 글 쓰는 일에, 여자는 사랑하는 일에 진력을 낸다.

여기저기 집들에서 연기가 피어오르기 시작했다.
쾌락을 파는 여인들, 창백한 눈꺼풀에,
입을 벌린 채, 미련한 잠에 빠져 있었고,
여위고 생기 없는 젖가슴 늘어진 가난한 여인들,
등걸불에 바람을 후후 불더니, 손가락에도 입김을 후후 불었다.
추위와 몰인정 사이에서
해산하는 여인들의 고통이 한층 더해지는 시간,

부글거리는 피 흘리며 상처입고 내지르는 오열 같은
닭 울음소리가 저 멀리서 뿌연 대기를 찢었다.
안개의 바다는 건물들을 에워싸고,
자선병원 구석에서 죽어가는 이들은
이따금 딸꾹질을 하며 마지막 숨을 헐떡헐떡 내뱉었다.
제 볼일에 몹시 지친 탕자들은 집으로 돌아왔다.

분홍빛 초록빛 드레스를 입고 추위에 덜덜 떠는 새벽 어스름이
텅 빈 센 강 위로 서서히 다가오고,
어둑한 파리는, 두 눈을 비비며
부지런한 노인처럼, 제 연장을 움켜쥐었다.

술

La Vin

104. 술의 영혼

어느 날 저녁, 술의 넋이 병 속에서 노래했다:
"사람아, 오 친애하는 가여운 이여, 나 너를 향해,
이 유리 감옥과 주홍빛 밀랍에 갇혀,
빛과 우애 가득한 노래 한 곡조 띄우노라!

나는 알고 있지, 이글거리는 언덕 위에서,
내 삶을 탄생시키고 내게 영혼을 불어넣으려면
얼마나 많은 노고와 땀과 작열하는 태양이 필요한지를.
허나 나는 배은망덕하지도 해롭지도 않으리라,

나 일하느라 녹초가 된 사람의 목구멍으로
떨어질 때 무한한 기쁨 느끼고,
그의 뜨거워진 가슴이 내게는 안락한 무덤 같아
서늘한 지하창고에 있을 때보다 행복하기에.

너 듣고 있는가, 일요일의 단조로운 노래와
팔딱대는 내 가슴 속에서 재잘거리는 희망이 울려 퍼지는 소리를?
네가 식탁에 팔꿈치를 괴고 소매를 걷어 올리면,
너는 나를 찬미하며 흐뭇해하리라.

나 달뜬 네 아내의 눈을 빛나게 하고,
네 아들에게는 활력과 생기를 돌려주어,
삶이라는 싸움터에 선 저 연약한 선수를 위해
투사의 근육을 단단하게 하는 기름이 되리라.

식물로 만든 암브로시아[62], 영원토록 씨 뿌리는 이가 던지는
소중한 씨앗, 나 네 안에 떨어지리라,
그리하면 우리 사랑에서 시(詩)가 돋아나
진기한 꽃처럼 신을 향해 솟아오르리라!"

---

62 그리스 신화에 등장하는 신들이 먹는 음식으로, 이를 먹는 사람은 누구든 불멸의 존재가 된다.

105. 넝마주이의 술

바람이 불꽃을 흔들고 유리창을 흔들어대는
붉은 가로등 불빛 아래 종종,
폭풍의 근원 같은 인간들이 우글거리는
진흙투성이 골목길의 오래된 변두리 한복판에,

한 넝마주이 고개를 주억거리며 나타난다
시인처럼 담벼락에 부딪히고 비틀대면서,
밀고자들도, 자기 백성들도 괘념치 않고,
혼신을 다해 원대한 계획을 쏟아낸다.

그는 서약을 하고, 숭고한 법을 선포하고,
악당들을 처단하고, 희생자들을 일으켜 세우고,
왕좌 위에 드리워진 천막 같은 이 세상에서
자신의 찬란한 공덕에 취해 황홀해 한다.

그렇다, 구차한 살림에 쪼들리고,
노동에 녹초가 되고 나이에 번뇌하며
거대한 파리의 지저분한 토사물 같은,
잔해 더미 아래 구부정하게 짓눌린 저 사람들이,

술통 냄새 풍기며 집으로 돌아올 때,
낡은 깃발처럼 늘어진 콧수염을 하고
전장에서 백발이 된 동지들이 그 뒤를 따른다.
깃발들, 꽃들, 개선문들이,

그들 앞에 우뚝 서 있다, 성대한 마법처럼!
나팔과 태양, 아우성과 북소리의
어지럽고 찬란한 향연 속에서,
그들은 사랑에 취한 민중에게 영광을 가져다준다!

이렇게 시시한 **인간**들을 가로질러
술은 눈부신 팍토로스[63]강처럼 황금을 흘려보내고,
인간의 목구멍을 빌려 제 위업을 노래하며
진짜 왕들처럼 제 재능으로 세상을 다스린다.

적막 속에 죽어가는 저 모든 저주받은 늙은이들의
원한을 가라앉히고 무기력을 달래주려,
신은 죄책감 속에, 잠을 만드셨고,
인간은 여기에 **술**을 보탰노라, **태양**의 거룩한 아들을!

---

63 그리스 신화에 등장하는 황금의 강. 만지는 모든 것이 황금으로 변하는 미다스가 이 강에 손을 씻고 나서 금이 나오기 시작했다하여 황금의 강이라 불리게 되었다.

106. 살인자의 술

아내가 죽었다, 나는 자유다!
그러니 이제 진탕 마실 수 있지.
내가 돈 한 푼 없이 집으로 돌아올 때면,
아내의 고함이 내 속을 찢어놓았지.

나는 왕 못지않게 행복하다,
공기는 맑고, 하늘은 눈부시고……
내가 아내와 사랑에 빠졌을 때도
이런 여름이었지!

나를 괴롭히는 끔찍한 목마름이
해갈되려면 아내의 무덤이
품을 수 있을 만큼의 술이
필요하리라. - 말이 좀 심했나.

나는 아내를 우물 바닥으로 던졌고,
그 위에 우물가의 돌들을
모조리 밀어 넣었다.
- 할 수만 있다면 그녀를 잊어야지!

어떤 것도 우리를 떼어놓을 수 없다는,
그 다정한 맹세를 핑계 삼아,
우리가 매혹되었던 아름다운 시절처럼
다시 잘 지내보기 위해,

나는 저녁에, 으슥한 거리에서
아내에게 한번 만나 달라 애원했지.
그녀가 왔네 - 저 미친 여자가!
우리는 누구나 얼마쯤은 미쳐 있지!

아내는 여전히 예뻤다,
비록 많이 지쳐 있었지만! 그리고 나,
나는 그녀를 너무나 사랑했지! 그렇기에
나는 그녀에게 말했지. 이 삶에서 나가버려!

아무도 나를 이해할 수 없다.
저 아둔한 술꾼들 가운데 하나라도
광란의 밤들을 보내며
술로 수의를 지을 생각을 해보기는 했을까?

강철로 된 기계처럼
상처입지 않는 저 건달은
단 한번도, 여름에도, 겨울에도,

진정한 사랑을 알지 못했다.

그 음울한 마법,
그 지옥 같은 근심의 행렬,
그 독약이 든 병들, 그 눈물들,
그 사슬과 해골의 아우성이 뒤섞인 사랑을!

- 비로소 나는 자유로이 홀로 있다!
오늘 밤에는 곤죽이 되도록 취하리라.
그러고 나서, 두려움도 후회도 없이,
땅바닥에 드러누워,

개처럼 잠들리라!
돌과 진흙을 실은
육중한 바퀴의 짐수레가,
사나운 화물차가

죄 많은 내 머리를 짓이긴들,
아니면 내 몸을 두 동강 낸들, 무슨 상관이랴, 신도,
악마도, **제단**도 아랑곳없는데!

107. 고독한 자의 술

제 나른한 아름다움을 호수에 담고 싶어
너울거리는 달빛이 떨리는 호수 위에 보내는
하얀 빛줄기처럼 우리에게 다가오는
바람둥이 여인의 묘한 눈길,

노름꾼의 손 안에 들려 있는 마지막 금화 자루,
가냘픈 아들린의 난잡한 입맞춤,
인간 고통의 저 먼 비명과도 같은
짜증스러우면서도 감미로운 음악 소리,

이 모든 것들, 오, 바닥 깊은 술병이여,
목마른 시인의 가슴을 위해 내 풍만한 배 속에
간직하고 있는 그 강렬한 향기에 비할 수 없으니,

너는 시인에게 부어준다, 희망과 젊음과 생명을,
- 그리고 긍지를, 우리를 승리자로 만들고
신들의 반열에 올려놓는 저 모든 거지들의 보물을!

108. 연인들의 술

오늘 하늘이 눈부시게 아름답구나!
재갈도, 박차도, 고삐도 없이,
말을 타듯 술을 타고 떠나자
환상적이고 거룩한 하늘을 향해!

가혹한 열사병에 시달리는
두 천사처럼
아침의 푸른 수정 속에서
저 먼 신기루를 따라가자!

지성의 소용돌이
그 날개 위에서 하늘하늘 흔들리며,
은밀한 공상에 빠져,

내 누이여, 나란히 헤엄치며,
쉬지도 멈추지도 말고 달아나자
내 꿈속의 낙원을 향해!

악의 꽃

Fleurs du Mal

109. 파멸

내 옆에선 끊임없이 **악마**가 뒤척이고,
만질 수 없는 공기처럼 내 주위에서 헤엄친다.
나 그를 삼키면 내 허파는 불타오르고
그곳은 불온하고 영원한 욕망으로 가득 차는 듯하다.

때때로 악마는 **예술**을 향한 내 깊은 사랑을 알고,
더없이 매혹적인 여자의 모습을 하고는,
위선자의 허울 좋은 핑계로,
내 입술을 고약한 사랑의 묘약에 길들인다.

그렇게 악마는, **신**의 눈길에서 멀리,
아득하고 삭막한, **권태**의 벌판 한복판으로
피로에 지쳐 헐떡이는 나를 끌고 가,

혼란으로 가득한 내 두 눈에 내던진다
더러워진 옷가지들, 찢어진 상처들,
그리고 피로 물든 **파멸**의 몰골을!

110. 수난 당하는 여인

- 어느 이름 없는 대가의 데생

향수병들, 금실로 짠 옷감들과
　　호화로운 가구들,
대리석들, 그림들, 화려한 주름 흘러내리는
　　향기로운 드레스들 한가운데,

해롭고 치명적인 공기, 마치 온실에 있는 듯,
　　유리 관 속에서 죽어가는 꽃다발들이
마지막 숨을 내쉬는
　　어느 따스한 방 안에서,

머리 없는 송장, 강물처럼,
　　갈망을 채워주는 베개 위에
붉고 생생한 피를 쏟아내니, 베갯잇이
　　목마른 초원처럼 그것을 빨아들인다.

어둠에서 만들어져 우리의 시선을 사로잡는
　　창백한 환영을 닮은,
그 머리는, 덥수룩하고 짙은 머리칼과
　　값비싼 보석들을 얹은 채,

침대 머리맡 탁자 위에, 미나리아재비처럼,
　　가만히 놓여 있고, 아무런 생각 없는
어슴푸레한 빛처럼 몽롱하고 흐릿한 눈길이
　　흰자위 가득한 눈에서 새어나온다.

침대 위, 부끄러움도 없이 벌거벗은 몸뚱이
　　완전히 내던져진 채,
자연이 선물한
　　신비로운 찬란함과 치명적인 아름다움을 뽐낸다.

가장자리가 금실로 장식된 분홍빛 스타킹 한 짝, 다리에
　　추억처럼 남아 있고,
이글거리는 신비한 눈 같은 가터벨트는,
　　다이아몬드 같은 시선을 던진다.

고독과 슬픔 어려 있는 저 거대한 초상화의
　　기이한 모습,
그 자세만큼 도발적인 두 눈에,
　　침울한 사랑이 드러난다.

커튼 주름 속에서 헤엄치는
　　사악한 천사들의 무리가 즐거워했던,

지옥의 입맞춤 가득한
　　불온한 기쁨과, 기묘한 향연들이.

그렇지만, 우아하게 여윈
　　울퉁불퉁 각진 듯한 어깨,
살짝 도드라진 엉덩이와
　　성난 뱀처럼 날렵한 허리를 보면,

아직 꽤나 젊은 여자다! - 격앙된 그녀의 영혼과
　　권태에 잠식된 그녀의 감각들은
길을 잃고 방황하며 욕망에 굶주린 무리에게
　　슬쩍 자신을 내어 주었던 것일까?

살아생전 그토록 많은 사랑을 주었음에도,
　　갈증을 채우지 못해 앙심을 품은 사내가,
이제는 꼼짝없이 받아들일 수밖에 없는 네 몸뚱이 위에서
　　한없이 욕망을 채운 것일까?

대답하라, 음란한 송장아! 네 뻣뻣한 머리채를 잡고
　　열에 달뜬 팔로 너를 들어 올려,
그 자가 네 서늘한 이빨 위에, 말해 보라, 끔찍한 머리여,
　　마지막 작별인사를 남겼는지?

조롱하는 세상에서 멀리, 추악한 사람들에게서 멀리,

　　남 말하기 좋아하는 판관들에게서 멀리 떨어져,

편히 잠들어라, 편히 잠들어라, 야릇한 여인아,

　　신비로운 네 무덤 속에서.

네 남편은 세상을 떠돌지만, 영원히 죽지 않는 네 모습

　　그가 잠잘 때에도 그의 곁을 지키니,

분명 그도 너만큼 네게 충실하리라,

　　죽는 날까지 변함없이.

111. 지옥에 떨어진 여인들

생각에 잠긴 창부처럼 모래밭에 드러누운
여인들은 바다의 수평선으로 눈을 돌리고,
서로를 찾아 헤매는 두 발과 가까워지는 두 손에는
감미로운 애수와 쌉쌀한 떨림이 있다.

어떤 여인들은, 긴긴 속내 이야기에 마음이 사로잡혀,
시냇물 졸졸 흐르는 깊은 숲 속에서,
겁 많은 어린 시절의 사랑을 한 글자씩 되새기며
어린 나무들의 푸른 초목을 파헤친다.

또 어떤 여인들은, 성 안토니오가 보았다고 하는
벌거벗은 유혹의 자줏빛 젖가슴이 용암처럼 불쑥 솟아오르는 듯한
환영들 가득한 바위들을 가로질러,
수녀처럼 느릿느릿 엄숙하게 걸어간다.

그리고 또 다른 여인들은, 스러져가는 희미한 송진 불빛 아래,
오래된 이교도 동굴의 적막한 울림 속에서
울부짖으며 열병에서 구원해 달라 외친다, 오 바쿠스여, 해묵은
회한을 잠재우는 이여!

또 어떤 여인들은 가슴에 스카풀라[64]를 고이 걸치고,

기다란 옷자락 아래 채찍을 숨긴 채,

고독한 밤들 어두운 숲 속에서,

쾌락의 거품에 고통의 눈물을 뒤섞는다.

오, 순결한 여인들이여, 오, 악마들이여, 오, 괴물들이여, 오, 순교

자들이여, 현실을 경멸하는 위대한 영혼들이여,

무한을 찾아 헤매는 이들이여, 독실하나 방탕한 이들이여,

때로는 울음소리 가득하고, 때로는 눈물 가득한

그대들, 내 영혼은 그대가 있는 지옥까지 따라갔었지,

가여운 자매들이여, 나 그대들을 가엾이 여기는 그만큼 그대들

을 사랑한다,

그대들의 음울한 고통들, 채워지지 않는 갈증들,

그리고 그대들 커다란 가슴 가득한 사랑의 항아리들 때문에!

---

64 가톨릭 수도자들이 어깨에 걸쳐 입는 성의(聖衣)의 일종.

112. 상냥한 두 자매

방탕과 **죽음**은 입맞춤이 헤프고 건강미 넘치는
사랑스러운 두 소녀,
누더기로 감싼 언제나 순결한 그 뱃속은
끝없는 몸부림에도 결코 생명을 탄생시키지 못했다.

가정의 역적, 지옥의 우상,
궁핍한 아첨꾼인 불행한 시인에게,
무덤과 매음굴은 소사나무 아래에서
후회가 한 번도 다녀간 적 없는 침대를 보여준다.

그리고 불경한 것들로 가득한 관과 침실은
상냥한 두 자매처럼 번갈아 가며 우리에게
무시무시한 쾌락과 끔찍한 감미로움을 선사한다.

음란한 팔을 가진 **방탕**이여, 너는 언제 나를 묻으려는가?
오, **죽음**이여, 방탕과 매력을 다투는 너, 너는 언제 와서
불결한 도금양 나무에 네 죽음의 실편백 나무를 접붙이려는가?

113. 피의 샘물

때때로 내 피가 콸콸 흘러가는 것만 같네,
박자에 맞춰 흐느끼는 샘물처럼.
오래오래 속살거리며 흐르는 그 소리 더없이 잘 들리지만,
상처를 찾으려 내 몸을 더듬어 봐도 소용없네.

도시를 가로질러, 격투장에 있는 듯,
내 피가 흘러가네, 돌바닥을 작은 섬으로 만들고,
온갖 피조물의 갈증을 달래주고,
여기저기 자연을 붉게 물들이면서.

나 수시로 나를 기만하는 술에게 간청했네
나를 갉아먹는 두려움을 하루만 잠재워달라고.
허나 술은 눈은 더 맑게, 귀는 더 예민하게 만들었지!

나 사랑을 하며 모든 것을 잊게 하는 잠을 청해보려 했네.
허나 내게 사랑은 저 잔인한 여자들에게
술을 주려고 만들어진 바늘로 된 침대일 뿐!

114. 알레고리

그것은 아름답고 풍만한 몸매의 여자,

제 머리칼이 술잔 속에 잠겨도 개의치 않는다.

사랑의 발톱, 도박장의 독약,

무엇이건 그녀의 화강암 같은 피부에서는 미끄러지고 무디어진다.

그녀는 **죽음**에게 미소 짓고 **방탕**을 조롱하니,

언제나 할퀴고 베는 손을 가진 저 괴물들,

파멸에 이르는 놀이를 하면서도

저 단단하고 꼿꼿한 육신의 기세등등한 위엄을 존경했다.

그녀는 여신처럼 걷고 술탄의 여인처럼 쉰다.

쾌락 속에서 이슬람 신앙을 지키고,

젖가슴이 꽉 들어 찬, 활짝 연 품 안에,

두 눈으로 인간 족속을 불러들인다.

저 수태할 수 없는 처녀, 허나 세상의 진전에 꼭 필요한 그녀는

믿고 있다, 알고 있다,

육신의 아름다움은 그 어떤 비열한 짓도

용서하게 만드는 고귀한 선물임을.

그녀는 **지옥**도, **연옥**도 알지 못하니,

검은 **밤** 속으로 들어가야 하는 시간이 오면

죽음의 얼굴을 바라보리라,

갓난아이처럼, - 증오도, 회한도 없이.

115. 베아트리체[65]

불에 타 초목 하나 없이 재로 덮인 땅에서,

어느 날 자연에게 넋두리하며,

이리저리 떠돌다가 내 생각의 단검을

가슴 위에 찬찬히 갈고 있을 때,

한낮에 내 머리 위로

태풍의 음울하고 짙은 구름이

포악하고 호기심 많은 난쟁이들 닮은

악독한 악마 한 떼거리를 싣고 내려왔네.

그놈들 침착하게 나를 바라보더니,

행인들이 미치광이를 구경하듯,

수없이 손짓과 눈짓을 주고받으며,

서로 낄낄대고 속닥거렸네.

- "가만 보자, 저 우스꽝스러운 자를,

햄릿의 풍모를 흉내 내는 저 그림자를,

멍한 시선과 바람에 나부끼는 머리칼.

보고 있자니 정말 가엾지 않은가, 저 호방한 사내,

저 가난뱅이, 일 없이 놀고 있는 어릿광대, 저 별난 녀석,

---

65 단테의 『신곡』에서 천국을 방문한 단테를 안내하는 '천상의 여인'으로 등장하는 베아트리체는 단테의 첫사랑이자 일생의 뮤즈였다.

제 역할을 기막히게 연기할 줄 알고,
독수리와 귀뚜라미와 시냇물과 꽃들이
자기 고통의 노래에 관심 가져주길 바라네,
심지어 저 문제를 오랫동안 다뤄왔던 우리에게 조차,
큰 소리로 제 장광설을 여봐란듯 늘어놓으려 하다니?"

나는 내 오만한 얼굴을 돌리고 그저 외면할 수도 있었으리라.
(내 자존심은 산처럼 높아
구름과 악마들의 비명을 압도하므로),
그 음탕한 패거리 사이에서, 그 죄악을 보지 않았더라면,
태양조차 흔들지 못한 그 죄악을!
누구와도 견줄 수 없는 눈빛을 지닌 내 마음 속 여왕이
그것들과 내 우울한 번뇌를 비웃으며
때때로 그것들에게 추잡한 애무를 퍼붓고 있었던 것을.

116. 키테라 섬으로의 여행

내 마음, 한 마리 새처럼, 기쁨에 넘쳐 퍼덕이며
밧줄들 주위를 자유롭게 날고 있었고,
구름 한 점 없는 하늘 아래 배가 흔들리고 있었다.
찬란한 태양에 취한 천사처럼.

저 쓸쓸하고 어둑한 섬은 어떤 섬인가? - 그곳은 키테라,
사람들이 말하길, 노랫말에 나오는 유명한 고장
모든 노총각들의 고리타분한 엘도라도.
보라, 말하자면, 메마른 땅.

- 달콤한 비밀이 감돌고 사랑의 축제가 벌어지는 섬!
태곳적 비너스의 아름다운 환영이
그대의 바다 위로 향기처럼 떠다니고
사랑과 번민이 마음을 가득 채운다.

도금양 나무 푸르고, 만발한 꽃들 가득한,
어느 종족이건 영원히 경외하는 아름다운 섬,
그곳에선 뜨거운 사랑에 빠진 이들의 한숨이
떠돈다, 장미 정원의 향내처럼,

아니 산비둘기의 끝없는 울음소리처럼!
- 이제 키테라는 한없이 척박한 땅,
날카로운 비명들에 망가진 자갈투성이 황무지일 뿐.
그런데 괴상한 형상 하나 내 눈에 언뜻 보였다!

그것은 꽃을 사랑하는 앳된 여사제가
은밀한 열기에 타오르는 몸으로,
스치는 바람에 옷깃 풀어헤쳐진 채 거닐던
작은 숲 그늘 드리워진 신전이 아니었다.

하얀 돛으로 새들을 놀라게 하며
해안 가까이 스쳐 지나갈 때,
우리는 그것이 나무기둥 세 개가 박힌 교수대임을 알아챘다,
하늘에서 떨어진 듯, 실편백 나무처럼 시커먼 교수대.

제 먹이 위에 앉은 사나운 새들
이미 흐무러진 교수형 당한 자를 맹렬하게 무너뜨리고,
저마다, 하나의 연장 같은, 제 비루한 부리로,
피 흘리는 썩은 송장의 여기저기를 쪼아댔다.

두 눈이 뻥 뚫린 채, 뭉그러진 배에서는
묵직한 창자들이 허벅지 위로 쏟아져 내렸고,
흉측한 별미를 배불리 먹은 저 사형집행인들은,

그를 부리로 쪼아 완전히 거세해 놓은 듯했다.

발아래에서는, 시샘 많은 네발짐승 떼가
주둥이를 쳐들고, 빙빙 돌며 어슬렁거리고 있었고,
더 커다란 짐승 하나 한복판에서
조수들에 둘러싸인 사형집행인처럼 날뛰었다.

키테라에 사는 이, 그토록 아름다운 하늘의 아이여,
그대는 묵묵히 그 모욕들을 견디고 있었지,
그대의 파렴치한 종교와
그대에게 무덤조차 허락하지 않은 죄악들을 속죄하려고.

우스꽝스럽게 교수형 당한 자여, 그대의 고통은 곧 나의 고통!
그대의 덜렁대는 팔다리를 보고 있자니,
해묵은 고통의 쓰디쓴 담즙 같은 긴 강물이
내 이빨로 구토처럼 치밀어 오르는 것만 같다.

그토록 소중한 기억을 가진 가련한 자, 그대 앞에서 나는 한 때 내
살점을 그토록 즐겨 뜯어먹던
쪼아대는 까마귀들과 검은 표범들의
그 모든 부리들과 그 모든 턱뼈들을 느꼈다.

- 하늘은 눈부시고, 바다는 잔잔했다.

이제 나에게는 모든 것이 어두컴컴하고 피투성이,

아아! 두꺼운 수의에 싸인 것처럼,

내 마음은 저 알레고리에 휩싸여 있었다.

오, 비너스여! 그대의 섬에서, 서 있는 것이라곤 오직

내 모습이 매달려 있는 상상 속의 교수대밖에는 보지 못했으니.....

- 아! 주여! 내게 용기를 주소서,

역겨워하지 않고 내 마음과 내 육신을 바라볼 수 있는 용기를!

117. 사랑과 해골

- 오래된 권말 삽화를 보고

사랑이 **인간**의 해골 위에
　앉아 있다,
저 왕좌 위에 불경한 것,
　뻔뻔스레 웃으며,

즐거이 불어대는 둥근 비눗방울
　허공으로 떠오르니,
창공 깊은 곳에 있는
　세계로 가려는 듯하네.

금세 꺼질듯 빛나는 둥근 방울
　한껏 솟아오르다가,
터져버리며 연약한 영혼을 토해내네
　금빛 몽상처럼.

비눗방울 하나하나마다 해골이
　간청하며 한탄하는 소리가 들린다.
- "이 잔인하고 헛된 장난은,
　대체 언제 끝날런가?

네 잔인한 입이

　허공에 흩뿌리는 것은,

이 잔인한 살인마야, 바로 나의 뇌,

　나의 피, 그리고 나의 살이 아니더냐!"

반항

Révolte

118. 성 베드로의 부인(否認)

대체 신은 자기가 아끼는 **세라핌들** 쪽으로 날마다 솟구치는
저 배척의 파도로 무엇을 하려는가?
신은 고기와 술을 배불리 먹은 폭군처럼,
우리의 끔찍한 신성 모독을 달콤하게 들으며 잠을 잔다.

순교자들과 처형당한 이들이 터뜨리는 오열은
열광을 불러일으키는 교향곡인가,
그들이 쾌락의 대가로 아무리 피를 흘려도,
하늘은 여전히 조금도 만족할 줄을 모르니!

- 아! 예수여, **올리브 동산**을 기억하소서!
당신은 순진하게도 무릎 꿇고 기도 드렸나이다,
비천한 사형집행자들이 살아 있는 당신 육신에
못 박는 소리를 들으면서도 웃고 있던 하늘에 계신 그 분께,

비열하고 야비한 경비병들과 부엌의 종들이
당신 신성(神性)에 침을 뱉었을 때도,
무한한 **인성**(人性)이 살아 있던 당신 머리에
가시나무 관이 박히는 것을 느꼈을 때에도.

축 처진 당신 육신의 끔찍한 무게가
늘어진 당신 두 팔을 길게 끌어내릴 때, 당신 피와
땀이 창백해지는 이마에서 흘러내릴 때,
당신이 모두 앞에 과녁처럼 놓여 있었을 때,

당신은 그토록 찬란하고 아름다웠던 그 날들을 꿈꾸셨던가
영원의 약속을 지키려고 오신 그날을,
순한 암나귀 타고 꽃들과 나뭇가지들 뒤덮인 길을
즈려밟고 오시던 그날을,

희망과 용기로 가득한 마음 안고,
저 상스러운 장사꾼들을 호되게 꾸짖으신 그날을,
마침내 당신이 주가 되신 그날을? 그 날 후회가
창보다 더 깊이 당신 옆구리를 꿰뚫지는 않았던가?

- 아마도, 나라면, 미련 없이 떠나리라
행동과 꿈이 누이처럼 함께하지 못하는 세상에서.
나는 칼을 들고 싸우다가 칼에 죽을 수 있기를!
성 베드로는 예수를 부인했다......잘한 일이었다!

119. 아벨과 카인

I

아벨의 후손아, 자고, 마시고, 먹어라.
신께서 네게 흐뭇하게 미소 지으신다.

카인의 후손아, 진창 속을
기어 다니다 비참하게 죽어라.

아벨의 후손아, 네가 바친 제물은
세라핌의 코를 즐겁게 한다!

카인의 후손아, 네가 받는 형벌이
언젠가 끝나기는 할 것 같으냐?

아벨의 후손아, 네 씨앗과
네 가축이 번성하는 것을 보아라.

카인의 후손아, 네 창자는
늙은 개처럼 굶주림에 울부짖는다.

아벨의 후손아, 족장의 아궁이에서

네 배를 따뜻하게 덥혀라.

카인의 후손아, 네 굴속에서
추위에 떨어라, 가련한 자칼아!

아벨의 후손아, 사랑하고 번성하라!
네 황금 또한 새끼를 치리라.

카인의 후손아, 불타는 마음,
그 크나큰 욕망을 경계해라.

아벨의 후손아, 너는 자라나고 풀을 뜯는다.
숲속의 노린재들처럼!

카인의 후손아, 절망에 빠진 네 식솔을
길바닥으로 끌고 가라.

II

아! 아벨의 후손아, 네 시체는
연기가 피어오르는 땅을 기름지게 하리라!

카인의 후손아, 네 고난은
아직 충분치 않다.

아벨의 후손아, 너의 수치는 이것,
네 칼은 사냥 창에 패배했다!

카인의 후손아, 하늘로 올라가,
신을 땅 위에 던져버려라!

120. 사탄에 바치는 찬양

오 당신, 가장 지혜롭고 가장 아름다운 **천사**여,
운명에 배신당해 찬양받지 못한 신이여,

오 사탄이여, 제 오랜 불행을 불쌍히 여기소서!

오 추방된 **왕**이여, 핍박받고
패배해도 언제나 더 굳건히 다시 일어서는 자,

오 사탄이여, 제 오랜 불행을 불쌍히 여기소서!

만물을 아는 당신, 지하 세계의 위대한 왕이여,
인간의 번민을 보듬는 친밀한 치유자여,

오 사탄이여, 제 오랜 불행을 불쌍히 여기소서!

나병환자와 저주받은 천민들에게 조차
사랑으로 **천국**의 맛을 가르쳐 주는 당신,

오 사탄이여, 제 오랜 불행을 불쌍히 여기소서!

오 당신의 늙고 굳센 연인, **죽음**에게서
매혹적인 미치광이 여인 같은, **희망**을 탄생시킨 당신!

오 사탄이여, 제 오랜 불행을 불쌍히 여기소서!

추방된 자에게 침착하고 오만한 시선을 갖게 하여
단두대로 몰려든 온 백성을 저주하게 하는 당신.

오 사탄이여, 제 오랜 불행을 불쌍히 여기소서!

질투 많은 신이 탐스런 대지 어디쯤에
보석들을 숨겨 놓았는지 아는 당신,

오 사탄이여, 제 오랜 불행을 불쌍히 여기소서!

땅 속에 파묻힌 수많은 금속이 잠들어 있는
저 깊은 무기고를 또렷한 눈으로 알아보는 당신,

오 사탄이여, 제 오랜 불행을 불쌍히 여기소서!

건물 가장자리에서 헤매고 있는 몽유병자를 위해 그 커다란 손으
로 낭떠러지를 가려주는 당신,

오 사탄이여, 제 오랜 불행을 불쌍히 여기소서!

말들에 짓밟혀 어기적대는 주정뱅이의
늙은 뼈를 마법처럼 부드럽게 만드는 당신,

오 사탄이여, 제 오랜 불행을 불쌍히 여기소서!

고통스러워하는 연약한 인간을 달래기 위해,
초석과 유황 섞는 법을 우리에게 가르친 당신,

오 사탄이여, 제 오랜 불행을 불쌍히 여기소서!

무자비하고 비열한 크로이소스[66]의 이마에,
제 표식을 새기는, 오 능란한 공범자 당신,

오 사탄이여, 제 오랜 불행을 불쌍히 여기소서!

처녀들의 두 눈과 마음속에
고통에 대한 경배와 폐인에 대한 사랑을 불어넣는 당신,

오 사탄이여, 제 오랜 불행을 불쌍히 여기소서!

---

66 고대 리디아의 마지막 왕으로 '엄청난 부자'를 상징한다.

추방된 자들의 우두머리, 발명가들의 등불,
교수형 당한 자들과 모사꾼들의 고해신부,

오 사탄이여, 제 오랜 불행을 불쌍히 여기소서!

하느님 아버지가 진노하여
지상 낙원에서 쫓아낸 이들의 양아버지,

오 사탄이여, 제 오랜 불행을 불쌍히 여기소서!

기도문
사탄이여, 찬미와 영광 받으소서, 당신이 다스렸던
하늘 높은 곳에서, 그리고 패배한 채,
조용히 꿈꾸고 있는 **지옥** 깊은 곳에서!
내 영혼 언젠가 **지혜**의 **나무**[67] 아래,
당신 곁에서 쉴 수 있게 하소서, 당신 얼굴에
새로운 **신전**처럼 그 나뭇가지들이 뻗어나갈 그 때에!

---

67 선악과 나무

죽음

La Mort

121. 연인들의 죽음

은은한 향기 가득한 침대를,
무덤처럼 깊고 기다란 소파들을,
그리고 한층 아름다운 하늘 아래 우리를 위해 피어난
선반 위의 이국적인 꽃들을 우리는 갖게 되리라.

우리 두 마음은 마지막 제 열기를 양껏 써버리며,
거대한 두 개의 횃불이 되어,
우리 두 마음에, 서로를 꼭 닮은 저 거울들에
두 배로 밝은 빛을 비추리라.

신비로운 푸른빛과 장밋빛으로 물든 어느 저녁,
작별의 말이 가득한 긴긴 흐느낌처럼,
우리는 둘만의 반짝이는 빛을 주고받으리라.

그리고 얼마 후 한 **천사**가 슬쩍 문을 열고
들어와, 정성스럽고 기쁘게,
뿌연 거울들과 꺼진 불꽃들을 되살리리라.

122. 가난한 이들의 죽음

우리를 위로해 주고, 아아! 우리를 살게 하는 **죽음**.
그것은 삶의 목적, 유일한 희망이라
신통한 묘약처럼, 우리를 고양시키고 우리를 취하게 하여,
저녁까지 걸어 나아갈 의지를 심어주네.

폭풍우와 눈과 서릿발 너머로
우리의 캄캄한 지평선에서 떠오르는 떨리는 빛이여,
그것은 책에도 쓰여 있는 이름난 여인숙,
그곳에서 우리는 먹고, 자고, 앉을 수 있으리라.

그것은 **천사**, 끌어당기는 힘이 있는 손가락에
잠과 황홀한 꿈의 선물을 쥐고,
가난하고 헐벗은 자들에게 잠자리를 마련해주네.

그것은 신들의 영광, 그것은 신비로운 다락방,
그것은 가난한 이의 지갑, 그의 옛 고향,
미지의 **하늘**을 향해 열린 기둥들 늘어선 현관!

123. 예술가들의 죽음

몇 번이나 내 방울들을 딸랑거리며
침울한 풍자화 같은 네 비천한 얼굴에 입을 맞춰야 하는가?
숨어있는 본질의 과녁을 꿰뚫으려면,
오, 내 화살통이여, 얼마나 많은 활촉을 잃어야 하는가?

우리는 얕은 잔꾀로 자기 영혼을 낡게 하고,
육중한 뼈대를 수없이 무너뜨리리라,
지옥 같은 욕망으로 우리를 비통하게 하는
위대한 **창조물**을 만나기 전까지!

자기의 **우상**을 한 번도 본 적 없는 이들이 있으니,
자기의 가슴과 얼굴을 끊임없이 괴롭히는,
모욕의 낙인찍힌 저주받은 저 조각가들.

단 하나의 희망, 기묘하고 음침한 카피톨리움 신전[68]!
그것은 **죽음**이 새로운 태양처럼 떠올라,
자기들 머릿속의 꽃들을 활짝 피어나게 해주리라는 것!

---

68 제우스, 헤라, 아테나에게 바쳐진 신전.

124. 저녁 무렵

어슴푸레한 빛 아래
뻔뻔하고 소란스러운 **삶**이
까닭 없이 뛰고 춤추고 몸부림친다.
그리하여, 이내 지평선에

달콤한 밤이 떠올라
모든 것을, 허기마저 잠재우고
모든 것을, 수치심마저 지워버리면,
시인은 생각한다. "드디어!

내 마음은, 내 등뼈들처럼
애타게 휴식을 애원하고,
나는 음울한 몽상 가득한 마음 안고,

똑바로 누워
그대 장막 속으로 굴러 떨어지려하네,
오, 맑고 서늘한 어둠이여!"

125. 어느 호기심 많은 이의 꿈

- 펠릭스 나다르[69]에게

너도 나처럼 알고 있지, 달콤한 고통을
그래서 사람들은 너에 대해 이렇게 말하나, "오! 특이한 사람이군!"
- 나는 죽어가고 있었네. 사랑에 빠진 내 영혼 속에서.
그것은 두려움 섞인 욕망, 유별난 죄악,

분노도 일어나지 않는, 고뇌이자 생생한 희망이었지.
운명의 모래시계가 비어갈수록,
내 괴로움은 더욱 맹렬해지고 더욱 황홀해졌네,
그리하여 내 온 마음은 익숙한 세계에서 빠져나왔네.

나는 구경거리를 기대하는 아이 같아서,
사람들이 장애물을 싫어하듯 장막을 싫어했지.....
마침내 차가운 진실이 드러났네.

나는 짐짓 죽어 있었고, 끔찍한 새벽이
나를 감싸고 있었네. - 아니 뭐라고! 고작 이게 전부란 말인가?
막이 올랐는데도 나는 여전히 애타게 기다리고 있었네.

---

69 19세기 프랑스 만화가이자 사진작가.

126. 여행

- 막심 뒤 캉[70]에게

I

지도와 판화를 무척 좋아하는 아이에게

우주는 그의 거대한 욕망만큼이나 광대하다.

아! 등잔불 아래서 보면 이 세상은 얼마나 넓은가!

추억의 눈으로 보면 이 세상은 얼마나 작은가!

어느 날 아침, 우리는 떠난다, 머리에는 불꽃이 가득하고,

가슴에는 원망과 쓰디쓴 욕망을 품고,

우리는 간다, 물결의 리듬을 따라,

유한한 바다 위에서 우리의 무한을 보듬으며.

어떤 이들은 부끄러운 조국에서, 어떤 이들은

자기 요람의 공포에서 달아나는 것이 기쁘고, 또 어떤 이들,

한 여인의 눈에 깊이 빠진 점성술사들은 치명적 향기를 풍기는

포악한 키르케[71]에게서 달아나는 것이 기쁘다.

---

70 19세기 프랑스 작가. 플로베르의 가까운 친구였던 것으로 알려져 있으며 『악의 꽃』과 『보바리 부인』은 막심 뒤 캉의 손을 거쳐 출간되었다.
71 그리스 신화에 등장하는 마녀로, 각종 마술이나 저주에 능하다.

짐승으로 변하지 않으려고, 그들은
우주와 빛과 작열하는 하늘에 열광하니,
그들을 물어뜯는 얼음과, 구릿빛으로 그을리는 태양은
입맞춤의 흔적을 서서히 지워낸다.

허나 진정한 여행자는 그저 떠나기 위해
떠나는 자들. 풍선처럼 가벼운 마음,
결코 자신의 숙명에서 벗어나려 하지 않는 자들,
이유도 알지 못한 채, 언제나 말한다. 가자!

구름의 형상을 띤 욕망을 품고,
풋내기 병사가 대포를 동경하듯, 그들이 꿈꾸는 것은,
인간의 머리로는 결코 그 이름을 알 수 없는,
변화무쌍한, 미지의 아득한 쾌락!

II

우리는 흉내 낸다, 무섭게도! 팽이와 공이
제멋대로 춤을 추고 튀어 오르는 모습을. 잠들어 있을 때조차
호기심은 우리를 괴롭히고 흔들어댄다,
태양을 후려치는 난폭한 **천사**처럼!

기이한 운명, 목적지가 이리저리 움직이니,
아무데도 아닌가 하면, 어디라도 될 수 있다!
희망을 결코 놓지 않는 **인간**은
미친 사람처럼 쉼을 찾아 끊임없이 달린다!

우리 영혼은 이카리아 섬을 찾아가는 세 돛대 범선,
목소리 하나가 갑판 위에 울려 퍼진다. "눈을 떠라!"
돛대 위 망루에서 목소리 하나, 미친 듯, 격렬하게 외친다.
"사랑이여......영광이여.......행복이여!" 맙소사! 저것은 암초!

망루의 파수꾼이 가리키는 작은 섬 하나하나는
운명이 언약한 이상향 엘도라도,
허나 요란한 연회를 벌이는 **상상력**이
아침 햇살에 발견하는 것이라곤 암초 뿐.

오, 환상의 나라들을 갈망하는 가련한 이여!
그에게 족쇄를 채워, 바다에 던져야 할까,

헛된 꿈으로 더욱 쓰라린 심연에 빠진
저 주정뱅이 뱃사람, 신대륙을 발견한 이를?

진창에 잠겨 허우적대는 늙은 방랑자처럼,
그는 멍하니 찬란한 낙원을 꿈꾸고,
미혹된 그의 눈은 촛불이 움막을 환히 비추는 어디에서나
또 다른 카푸아[72]를 발견해낸다.

---

72 한니발이 칸 전투에서 승리한 후 카푸아에 숙영하며 환락에 빠짐으로써 병사들의 사기가
꺾였다는 고사가 전해진다. 따라서 카푸아는 파멸을 초래하는 환락을 의미한다.

III

놀라운 여행자들이여! 우리는 바다처럼 깊은 그대들 눈 속에서
얼마나 고귀한 이야기들을 읽는가!
그대들의 풍요로운 기억이 담긴 작은 보석 상자를 우리에게 보
여주기를,
별들과 하늘로 만들어진 그 근사한 보석들을.

우리는 증기도 없이 돛대도 없이 여행하고 싶으니!
화폭처럼 팽팽한 우리 마음 위에,
지평선을 액자삼아 그대들의 추억을 펼쳐 보이기를,
우리네 감옥의 권태를 달랠 수 있게.

말해 보라, 그대들은 무엇을 보았는가?

IV

"우리는 별들과

파도들을 보았고, 우리는 또 사막들을 보았네.

많은 고비들과 뜻밖의 재난을 만났지만,

우리는 자주 권태로웠네, 여기서처럼.

보랏빛 바다 위 태양의 광휘가,

저녁놀에 잠긴 도시들의 광휘가,

매혹적인 빛을 반사하는 하늘 속으로 뛰어들고 싶어 하는

우리 마음속의 애끓는 열정에 불을 지폈네.

더없이 화려한 도시들도, 더없이 웅장한 풍경들도,

우연이 구름으로 만들어 낸 풍경의

신비로운 매력을 조금도 따라가지 못했고,

언제나 욕망은 우리를 조바심 나게 했지!

- 쾌락은 욕망에 더 큰 힘을 주지.

욕망은 오래된 나무 같아서 쾌락을 거름삼아 자라네,

허나 그 껍질이 두꺼워지고 단단해지는 동안,

그 가지들은 태양을 더욱 가까이서 보려고 하네!

너는 언제까지나 자라기만 할런가? 실편백 나무보다

더 강인한 커다란 나무야 - 허나 우리는 정성을 다해,

그대의 변변찮은 화집에 보태주려고 그림 몇 장을 모아놓았네,
먼 데서 온 것은 무엇이든 아름답다 여기는 형제들이여!

우리는 코끼리 코가 달린 우상에,
눈부신 보석으로 반짝이는 왕좌에 경배했지.
그대 은행가들에게는 헛된 꿈처럼 느껴질 만큼
호화찬란하게 꾸며진 궁전들에도.

두 눈을 도취시키는 의상들에도,
이빨과 손톱에 물을 들인 여인들에게도,
뱀의 애무를 받는 노련한 광대들에게도."

V

그리고, 그리고 또?

VI

"오 철없는 사람들아!

지극히 중요한 것을 짚고 넘어가기 위해 말하자면,

우리는 도처에서 보았네, 애써 찾은 것도 아니었건만, 운명의 사

다리 저 꼭대기에서 저 밑바닥까지,

불멸의 죄악이 펼쳐지는 그 권태로운 광경을.

여자란, 오만하고 어리석은 비천한 노예,

웃음기 없이 자신을 숭배하고, 거리낌 없이 자신을 사랑하네.

남자란, 게걸스럽고 추잡하고 잔인하고 욕심 사나운 폭군,

노예 중의 노예, 시궁창 속의 더러운 물.

즐거워하는 사형집행인, 흐느껴 우는 순교자,

피로서 풍미와 향을 돋우는 연회,

폭군을 무력하게 하는 권력의 독약,

자기를 바보로 만드는 채찍을 달가워하는 백성.

저마다 모두 하늘에 오르려하는

우리네 종교와 다르지 않은 온갖 종교들. 그리고 **성스러움**은,

까탈스런 사내가 깃털 침대에서 뒹굴듯,

못과 거친 말총 속에서 쾌락을 찾지.

자기 재능에 취해 떠벌이는 **인간**,
예나 지금이나 광기에 빠져,
사경을 헤매며 사납게, 신에게 소리치네.
'오 나와 닮은 자여, 나의 주인이여, 나 그대를 저주하노라!'

그리고 덜 어리석은 자들, **광란**의 무모한 연인들은,
운명의 울타리에 갇힌 거대한 양떼를 피해,
기막힌 아편 속으로 몸을 숨기지!
- 이것이 바로 온 세상의 변치 않는 광경이라네."

VII

여행에서 얻는 앎이란, 쓴 맛을 남기는 법!

단조롭고 작은 세상은 오늘도,

어제도 내일도 언제나, 우리에게 우리 자신의 모습을 보여준다.

그것은 바로 권태의 사막 안에 있는 싫증의 오아시스!

떠나야 하나? 머물러야 하나? 머무를 수 있다면 머물러라,

떠날 수 있다면 떠나라. 어떤 이는 달리고, 어떤 이는 움츠리며

호시탐탐 우리를 노리는 불길한 적을 속이려 하니, 그 적은

시간! 아아! 쉬지 않고 달리는 자들이 있다.

방랑하는 유대인처럼, 사도들처럼,

저 비열한 투망꾼에게서 도망치기에

짐마차도, 배도, 어느 것 하나 충분치 않아도. 그런가 하면

자기 요람을 떠나지 않고도 그를 죽일 수 있는 이들이 있다.

이윽고 그가 우리 등줄기 위에 발을 디딜 때,

우리는 희망에 차 외칠 수 있으리라, 앞으로!

예전에 우리가 중국으로 떠났을 때처럼,

두 눈은 먼 바다를 응시한 채, 머리칼은 바람에 휘날리며,

우리는 **암흑**의 바다로 배를 띄우리라

젊은 여행자의 벅찬 마음으로.

매혹적이고 불길한 저 목소리가 들리는가,

그 목소리 노래한다. "이리로 오라, 향기로운

연꽃을 먹고 싶어 하는 자들아! 바로 여기에서

허기진 그대 마음이 찾는 신묘한 열매를 수확하니.

이리로 와서 영원히 끝나지 않는 이 오후의

진기한 감미로움에 취하라!"

귀에 익은 노랫소리에 우리는 그것이 망령임을 눈치 채니,

우리의 필라데스들[73]이 저 아래서 우리에게 팔을 내민다.

그리고 한때 우리가 무릎에 입을 맞췄던 여인이 말한다.

"그대 마음의 갈증을 달래고 싶다면, 그대의 엘렉트라[74]에게 헤엄쳐 오라!"

---

73 그리스 신화에 등장하는 오레스테스의 복수를 도와준 친구. 필라데스는 오레스테스가 인생의 고비를 만날 때마다 그의 곁을 지킨 충직한 동반자였다.

74 그리스 신화에 등장하는 미케네의 왕 아가멤논의 딸. 후에 필라데스와 혼인한다.

VIII

오 **죽음**이여, 늙은 선장이여, 때가 되었다! 닻을 올리자!

이 고장은 이제 지긋지긋하니, 오 **죽음**이여! 출항을 준비하자!

하늘과 바다가 잉크처럼 검다 해도,

네가 아는 우리의 마음은 빛으로 가득하니!

우리가 기운을 차릴 수 있도록 네 독을 우리에게 부어다오!

저 불꽃이 우리 머리를 들끓게 하니,

우리는 심연의 밑바닥으로 **빠지**고 싶다, **지옥**이든 **천국**이든, 무슨 상관이랴?

미지의 깊은 곳에서 새로운 것을 찾을 수만 있다면!

출판 금지된 시들

Pièces condamnées

레스보스⁷⁵

라틴풍 유희와 그리스풍 쾌락의 어머니,
레스보스여, 그곳에서는 입맞춤이 나른하거나 즐겁고,
태양처럼 뜨겁거나 수박처럼 시원하여,
찬란한 밤과 낮을 단장하네.
라틴풍 유희와 그리스풍 쾌락의 어머니,

레스보스여, 그곳에서는 입맞춤이 폭포 같아서
깊이를 모르는 나락으로 두려움 없이 뛰어들어,
흐느끼다가, 어깨를 들썩대고 킥킥대며 달려가네,
격정적이고 은밀하게, 콸콸 쏟아 부으면서도 깊숙하게,
레스보스여, 그곳에서는 입맞춤이 폭포 같구나!

레스보스여, 그곳에서는 프리네⁷⁶들이 서로를 끌어당기고,
어떤 한숨도 메아리 없이 사라지지 않네,
별들은 파포스⁷⁷만큼이나 그대를 우러르고,

---

75 에게해 북동부에 위치한 그리스의 섬.
76 기원전 4세기 그리스 아테네의 고급 창부. 비너스 여신에 버금가는 아름다움으로 여신처럼 숭배 받았으며 불경죄를 범하여 법정에 서게 되었으나 아름다운 외모 하나만으로 죄를 용서받았다.
77 그리스 신화에 등장하는 키프로스의 조각가 피그말리온의 딸. 피그말리온은 이상적인 여인을 꿈꾸며 조각상을 만들다가 그 조각상과 사랑에 빠진다. 이를 가엾게 여긴 아프로디테는 이 여인상에 생명을 불어넣었고, 피그말리온은 이 여인과 결혼하여 파포스를 낳았다.

비너스는 사포[78]를 마땅히 시샘하리라!
레스보스여, 그곳에서는 프리네들이 서로를 끌어당기니,

레스보스여, 그곳은 뜨겁고 나른한 밤들의 땅,
열매 맺지 못하는 쾌락! 그 거울 앞에서
눈이 퀭한 처녀들은 제 육신을 사랑하여,
농익은 열매 같은 원숙한 육신을 어루만지네.
레스보스여, 그곳은 뜨겁고 나른한 밤들의 땅,

늙은 플라톤이 근엄하게 눈살을 찌푸려도 개의치 마라,
너는 용서를 이끌어 낸다, 그 음탕한 입맞춤으로,
그 한없는 우아함으로,
온화한 제국의 여왕이여, 정감 넘치는 고결한 땅이여.
늙은 플라톤이 근엄하게 눈살을 찌푸려도 개의치 마라.

너는 용서를 이끌어 낸다, 그 영원한 수난에서,
야망을 품은 마음들에 미친 듯이 가해지는 고통은,
우리와 먼 다른 하늘가에서 어렴풋이 훔쳐본
눈부신 미소를 끌어당기니!
너는 용서를 이끌어 낸다, 그 영원한 수난에서!

레스보스여, 어떤 신이 감히 판관이 되어

---

78 고대 그리스 여성 시인.

수난 당해 파리해진 네 얼굴을 단죄할 수 있으랴,
네 시냇물이 바다에 쏟아낸 눈물의 홍수를
그의 황금 저울에 달아보지 않은 다음에야?
레스보스여, 어떤 신이 감히 판관이 될 수 있으랴?

정의와 불의의 법이 우리에게 무엇을 할 수 있으랴?
마음이 고결한 처녀들, 섬나라의 자랑거리여,
그대의 종교도 다른 종교처럼 존엄하니,
사랑은 **지옥**과 **천국**을 괘념치 않으리라!
정의와 불의의 법이 우리에게 무엇을 할 수 있으랴?

레스보스는 이 땅의 만물들 가운데 나를 골라
활짝 핀 처녀들의 비밀을 찬양하게 하고,
어릴 적부터 우울한 눈물과 광기어린 웃음 뒤섞인
어두운 신비에 젖어들게 했으니,
레스보스는 이 땅의 만물들 가운데 나를 골랐네.

그때부터 나 루카트[79] 정상에서 감시하네,
예리하고 믿음직한 눈을 가진 파수병처럼,
저 멀리 푸른 하늘에서 흔들리며 모습을 드러내는
쌍돛대선, 작은 범선, 군함을 밤낮으로 염탐하네.
그때부터 나 루카트 정상에서 감시하네.

---

79 지중해를 끼고 있는 프랑스 해안 인접 도시.

바다가 얼마나 너그럽고 상냥한지 알아보려고,

암석에 부딪혀 울려 퍼지는 흐느낌 속에서,

어느 날 저녁이 용서의 섬 레스보스로

경애하는 사포의 송장을 다시 데려오리라,

바다가 얼마나 너그럽고 상냥한지 알아보려고 떠났던 그녀를!

용감한 사포, 연인이요 시인,

그 침울한 하얀 얼굴은 비너스보다도 아름다웠지!

- 그 푸른 눈동자는 고통으로 거뭇해진 눈가에 더럽혀진

검은 눈동자에 굴복하고 말았구나

용감한 사포, 연인이요 시인!

- 세상 위에 우뚝 선 비너스보다도 아름답네!

자기 딸을 보고 기뻐하는 늙은 바다에

제 평온함의 보물과

제 금발머리 젊음의 광채를 쏟아 부으니

세상 위에 우뚝 선 비너스보다도 아름답네!

- 불경을 저지른 날에 죽은 사포,

의례와 가식적인 숭배를 경멸하며,

오만의 불경죄를 범하는 포악한 자의

최후의 먹이로 제 아름다운 육신을 바치고는

불경을 저지른 날에 죽은 그녀.

그 날 이후 레스보스는 슬픔에 잠겼네,
온 세계가 자기에게 찬사를 바쳤건만,
황량한 해변이 하늘로 내지르는
폭풍의 울음소리에 매일 밤 도취하여!
그날 이후 레스보스는 슬픔에 잠겼네!

지옥에 떨어진 소녀들

- 델핀과 이폴리트

쇠잔한 등불의 어슴푸레한 빛 아래,
향기 짙게 베인 푹신한 쿠션 위에서
이폴리트는 열망했네, 제 앳된 순정의
장막을 거둬줄 격렬한 애무를.

그녀는 폭풍에 시달린 눈으로 이미 아득해져버린
제 천진난만함의 하늘을 찾고 있었네,
아침을 통과한 푸른 수평선을
돌아보는 나그네처럼.

멍해진 두 눈에 흐르는 나른한 눈물,
맥 빠진 몸, 질겁한 얼굴, 쓸쓸한 쾌락,
쓸모없는 무기처럼 내던져진 굴복한 두 팔,
모든 것이 그녀의 여린 아름다움을 한결 돋보이게 했지.

그녀의 발치에 누워, 고요히 기쁨에 가득 찬
델핀은 불타오르는 두 눈으로 그녀를 지긋이 바라보았네,
사냥감을 이빨로 물어 표시 해놓고
가만히 지켜보는 사나운 짐승처럼.

연약한 아름다움 앞에 무릎 꿇은 강인한 아름다움,
당당하게, 델핀은 쾌감에 젖어
승리의 술을 들이켜고, 이폴리트 쪽으로 몸을 길게 뉘였네,
달콤한 감사의 말을 받아내기라도 하려는 듯.

델핀은 제 창백한 제물의 눈 속에서
쾌락이 노래하는 소리 없는 찬가를,
눈꺼풀에서 긴 한숨처럼 흘러나오는
한없이 숭고한 감사의 마음을 찾고 있었네.

- "이폴리트, 내 사랑, 그 일들을 어떻게 생각해?
네 첫 장미들의 성스러운 제물을
그걸 시들게 할지도 모르는 저 거친 숨결에
바쳐서는 안 된다는 것을 이제는 알까?

내 입맞춤은 저녁이면 커다랗고 투명한 호수를
건드리는 하루살이처럼 가볍지만,
네가 사랑하는 사내의 입맞춤은 짐수레처럼
아니면 날카로운 쟁기처럼 깊은 자국을 남길 거야.

그것들은 너를 짓밟고 가겠지, 무자비한 발굽을 단
말과 소가 끄는 육중한 마차처럼......

이폴리트, 오 나의 자매! 그러니 나를 향해 고개를 돌려줘,
너는 내 영혼이요 내 심장, 내 전부요 내 반쪽,

푸른 하늘과 별들 가득한 네 두 눈으로 나를 바라봐줘!
거룩한 안식, 그 매혹적인 눈길 한번을 위해서라면,
나는 더욱 어두운 쾌락의 장막을 걷어내고,
한없는 꿈속에 너를 잠들게 할 테니!"

그러자 이폴리트, 그 앳된 얼굴을 들고는,
- "나는 전혀 배은망덕하지 않아, 그리고 후회하지도 않아,
델핀, 나는 괴롭고 불안해,
한밤의 끔찍한 향연이 끝나버린 뒤처럼.

무거운 불안과 사방에 흩어진 검은 유령의 무리가
내게 덤벼들어,
피로 물든 지평선이 사방을 막고 있는
불길한 길들로 나를 끌고 가려는 것 같아.

대체 우리가 무슨 이상한 짓이라도 했단 말이야?
할 수 있다면, 내 불안과 두려움을 설명해줘.
'내 천사!'라고 네가 나를 부르면, 두려움에 떨지언정,
내 입술은 네게로 향하겠지.

나를 그렇게 바라보지 마, 나의 마음인 너!
영원히 사랑하는 너, 내가 택한 자매,
설령 네가 내 앞에 놓인 함정이라 해도
그리고 내 파멸의 시작이라 해도!"

델핀은 제 탐스러운 머리칼을 애절하게 흔들며,
신전 삼발이 의자 위에서 발을 구르는 무녀처럼
치명적인 눈빛을 하고, 사나운 목소리로 대답하네.
- "대체 누가 감히 사랑 앞에서 지옥을 말하지?

쓸모없는 몽상가에게 영원토록 저주 있으라,
어리석음에 빠져, 앞장서서,
풀리지 않는 헛된 문제를 붙들고,
사랑에 관한 일들에 정숙함을 끌어들이려 하다니!

그늘과 더위를, 밤과 낮을
신비로운 조화 속에 아우르려는 자는,
사랑이라 불리는 저 붉은 태양 아래서도
뻣뻣해진 제 육신을 결코 달아오르게 하지 못할 거야!

네가 원한다면, 아둔한 신랑감을 찾으러 가라,
달려가서 그 잔혹한 입맞춤에 순결한 마음을 바쳐라,
그러고 나면, 너는 후회와 두려움에 가득 차, 하얗게 질린 얼굴로,

젖가슴에 낙인이 찍힌 채 다시 내게로 돌아올 테지……

이 세상에서는 오직 단 하나의 애인만을 만족시킬 수 있어!"
허나 소녀는 한없는 고통을 토로하며,
느닷없이 소리쳤네. - "내 존재 안의 한껏 입을 벌린 심연이 커져
가는 것만 같아, 그 심연은 바로 내 마음!

화산처럼 펄펄 끓고, 허무처럼 깊은 심연!
그 무엇도 신음하는 괴물의 허기를 채울 수 없을 거야,
그 무엇도 손에 횃불을 들고, 피가 나도록 불태우는
에우메니데스[80]의 갈증을 가시게 하지 못 할 거야.

우리의 장막이 닫혀 우리를 세상에서 떼어놓고
권태가 휴식을 불러왔으면!
네 아득한 품속에 파묻혀,
네 젖가슴에서 무덤의 서늘함을 느낄 수 있다면!"

- 내려가라, 내려가라, 가련한 제물들아,
영원한 지옥의 길로 내려가라!
심연의 밑바닥에 잠겨라, 온갖 죄악들이
하늘에서 부는 바람에 채찍질 당해,

---

80 그리스 신화에 등장하는 지하 세계에 사는 복수의 여신들, 에리니에스의 다른 이름. 이들
은 횃불을 손에 들고 온갖 죄를 처벌한다.

폭풍처럼 아우성치며 뒤죽박죽 끓어오르는 그곳에.
미친 망령들아, 네 욕망의 목적지로 달려가라.
허나 너희는 결코 열정을 다스리지 못하리라,
그리하여 너희의 쾌락에서 너희의 징벌이 시작되리라.

생생한 빛 한 줄기도 결코 너희의 굴을 비추지 않으리니,
벽 틈 사이로 열병 같은 독기들이
등불처럼 타오르며 흘러들고
그 끔찍한 냄새는 너희 육신에 스며들리라.

결코 결실을 맺지 못하는 너희의 쾌락은
너희의 갈증을 돋우고 너희의 살결을 거칠게 하고,
사납게 휘몰아치는 애욕의 바람은
너희의 육신을 낡은 깃발처럼 나풀거리게 하리라.

산 사람들에게서 멀리 떨어져 헤매는 지옥에 떨어진 소녀들아,
사막을 가로질러 늑대처럼 달려라.
난잡한 영혼들이여, 너희의 운명을 개척하라,
그리고 너희 안에 간직하고 있는 신에게서 도망쳐라!

레테

오라 내 마음 위로, 잔인하고 음험한 영혼이여,
추앙받는 호랑이, 나른한 몸짓의 괴물이여,
나 오랫동안 내 떨리는 손가락을
네 묵직한 탐스런 머리칼 속에 깊숙이 집어넣고,

네 향기로 가득한 치마폭에
괴로운 내 머리를 묻고,
시들어 버린 꽃향기를 맡듯,
옛사랑의 달콤한 잔향을 맡고 싶다.

잠들고 싶다! 살아가느니 차라리 잠들고 싶다!
죽음만큼 안온한 잠에 빠져,
구리처럼 매끈한 네 아름다운 육신에
내 입맞춤을 여한 없이 펼치고 싶다.

내 흐느낌을 달래어 묻어버리기에
네 침대의 심연보다 좋은 곳은 없으니,
깊은 망각은 네 입술에 머물고,
망각의 강 레테는 네 입맞춤 위로 흐른다.

이제는 나의 희열이 된 운명에게,
나 운명이 결정된 자처럼 복종하리라.
그 열정 때문에 형벌을 받는
갸륵한 순교자, 무고한 죄인,

나는 단 한 번도 마음을 가두어 본 적 없는
저 봉긋한 가슴의 매혹적인 젖꼭지에서
네펜데스[81]와 향기로운 독당근을 빨아먹으며
내 원한을 옅어지게 하리라.

---

81 그리스 신화에 등장하는 슬픔을 잊게 하는 약초.

너무나 명랑한 그녀에게

네 얼굴, 네 몸짓, 네 표정
근사한 풍경처럼 아름답다.
맑은 하늘에 부는 상쾌한 바람처럼
웃음이 네 얼굴에서 노닐고 있다.

슬픔에 빠진 나그네도 너와 스치면
네 두 팔과 네 어깨에서
밝은 빛처럼 솟아오르는
생기에 황홀해 한다.

네가 치장하며 수놓은
화사한 색깔들은 시인의 마음에
꽃들이 발레를 하는 듯한
상상을 불러일으킨다.

그 기막힌 드레스들은
알록달록한 네 마음의 상징이니,
나를 미치게 하는 광란의 여인이여,
나는 너를 사랑하는 만큼이나 증오한다!

때때로 내 무기력을 이끌고 가던
아름다운 정원에서,
태양은 조롱하듯,
내 가슴을 찢는 것만 같았고,

봄과 녹음은
그토록 내 마음을 깔보니,
나는 꽃 한 송이에
자연의 오만에 대한 벌을 주었다.

그리하여 어느 날 밤,
쾌락의 시간을 알리는 종소리가 울릴 때,
나는 너무나 소중한 네 육신을 향해
겁쟁이처럼 살금살금 기어가,

즐거워하는 네 육신을 벌하고,
용서받은 네 젖가슴을 멍들게 하고,
놀란 네 옆구리에
커다랗고 깊은 상처를 내고 싶으니,

아찔한 달콤함이여!
더욱 눈부시고 더욱 아름다운,
네 서툰 입술 사이로,
내 증오를 흘려보내고 싶다, 내 누이여!

보석들

지극히 사랑하는 그녀는 벌거벗은 채, 내 마음을 알고서,
찰랑거리는 보석들만을 걸치고 있었네,
그 호화로운 장신구들, 태평한 시절의 무어인 여자노예들처럼
그녀를 기세등등하게 만들었네.

장신구들이 춤추며 조롱하듯 생생한 소리 낼 때,
금속과 보석으로 빛나는 이 세계는
나를 황홀경에 빠트리니, 나는 열렬히 사랑하네
빛과 소리가 어우러지는 광경을.

결국 그녀는 몸을 뉘이고 내 사랑을 받아들였고,
긴 소파 위에서 기쁘게 미소 지었네
절벽을 향해 솟아오르듯 그녀를 향해 솟아오르는
바다처럼 깊고 따스한 내 사랑에.

길들여진 호랑이처럼, 나를 응시하는 두 눈,
그윽하고 몽환적인 몸짓으로 그녀는 이런 저런 포즈를 취했고,
음탕함에 더해진 순진함은
그녀의 변화무쌍한 몸짓에 신선한 매력을 더해주었네.

그녀의 팔과 다리, 그녀의 허벅지와 허리는,

기름처럼 반질거리고, 백조처럼 나풀거리며,

밝고 차분한 내 눈 앞을 스쳐갔고,

내 포도밭의 포도송이들 같은 그녀의 배와 가슴은

타락한 천사들보다 더 상냥하게 다가와,

내 영혼이 취하고 있던 휴식을 방해하고,

수정 같은 바위에 평온하게 홀로 앉아있던

영혼을 떨어트리려 했네.

나는 새로운 형상 속 안티오페[82]의 엉덩이와

앳된 소년의 가슴이 하나로 어우러지는 모습을 보는 듯했네.

그 잘록한 허리는 엉덩이를 더욱 돋보이게 했지.

그을린 갈색 얼굴빛에, 분칠한 모습 눈부시게 아름다웠네!

- 그런데 등불이 체념한 듯 꺼져가며,

오직 벽난로만이 방을 환하게 밝히니

그 불빛 타오르는 한숨 내쉴 때마다,

황갈색 살갗은 핏빛으로 물들었네!

---

82 그리스 신화에 등장하는 인물로 테베의 섭정 닉테우스의 딸이다. 그녀의 미모에 반한 제우스는 반인반수 사티로스로 변하여 그녀를 강제로 취한다.

뱀파이어의 변신

그런데 여인은, 그 딸기 같은 입술에서,
장작불 위의 뱀처럼 몸을 배배 꼬고,
코르셋 쇠 살대에 제 젖가슴을 문지르며,
사향내 잔뜩 베인 그 말들을 흘려보냈다.
- "나는 말이지, 내 입술은 촉촉하고,
고리타분한 양심을 침대 바닥에서 잊게 하는 법을 알지.
자신감에 가득 찬 내 젖가슴 위에서 모든 눈물은 마르고,
늙은이들도 아이처럼 웃네.
베일도 걸치지 않은 발가벗은 나를 보는 이에게,
나는 달이요, 태양이요, 하늘이요, 별!
친애하는 박식한 이여, 쾌락이라면 훤히 아는 내가,
한 사내를 살벌한 내 품안에서 숨 막히게 하거나,
내 가슴을 깨물라고 내어주면,
흥분에 가득 차 황홀해하는 이 침대 위에서
소심하지만 방탕하고, 연약하지만 강인한 나 하나 때문에,
무력한 천사들은 지옥에 떨어질지도 모르지!"

그 여인이 내 뼈 속 골수를 다 빨아먹고,
기진맥진해진 내가 그녀에게 고개를 돌려
사랑의 입맞춤을 돌려주려 했을 때, 내 눈에 보인 것은

온통 고름으로 가득 찬, 축축한 허리의 살가죽 뿐!

서늘한 공포 속에서 두 눈을 감았다가,

생생한 빛에 다시 눈을 떴을 때,

내 곁에는, 몸속에 피가 가득 도는 것 같던

생기 넘치는 여인은 간 데 없이,

겨울밤 바람에 흔들리는

풍향계처럼, 쇠막대 끝에 매달린 간판처럼,

이리저리 나부끼며 삐걱거리는

해골의 잔해들.

샤를 보들레르 연보

1821년 4월 9일, 전직관리이자 미술애호가인 프랑수아 보들레르와 34세 연하의 카롤린 뒤페 사이에서 샤를 피에르 보들레르라는 이름으로 프랑스 파리에서 출생하였다.

1827년 아버지가 사망하고, 이 사건은 그의 정서 형성에 큰 영향을 주게된다.

1828년 11월 어머니는 이후 경제적 어려움으로 인해 육군 장교 오피크와 재혼하게 된다.

1832년-1836년 보들레르는 가족과 함께 리옹으로 가서 리옹왕립기숙학교(Lycée royal de Lyon)에 입학, 이곳에서 약 4년간 생활하였다. 그러나 어머니와 떨어져 살아야 했고, 의붓아버지의 엄격한 지시에 따라 성적이 나쁘면 집에 돌아올 수 없었다. 훗날 그는 이 시기를 "비참하고 버려진 어린시절에 대한 불안, 강압적인 학교 친구들에 대한 증오, 마음의 고독"으로 회상하였다. 이 시기에 그는 또래들 사이에서도 세련되고 독특하다는 평가를 들었으며 이미 훌륭한 문학 작품에 대한 조숙한 감수성을 보이기도 하였다.

1836년-1839년 파리로 돌아와 명문 루이 르 그랑(Lycée Louis-le-Grand)에서 고등교육을 계속하였다. 이 무렵 전국 라틴시 경시 부분에서는 장려상, 프랑스 시 부분에서 2등상을 수상하는 등 문학적 재능이 뚜렷이 드러난다. 졸업 직전 퇴학을 당하지만, 결국 가정교사의 도움으로 대학입학 자격시험에 합격한다. 1839년 11월 파리 법과대학에 진학했으나 학문에 큰 흥미를 느끼지 못하였고, 이후 불규칙한 삶과 방황의 시기, 예술가 및 보헤미안들과 교류하면서 방랑과 실험이 시작되었다. 자유로운 생활로 인해 성병에 감염되기도 하였다.

1841년 그의 방탕한 생활을 염려한 의붓아버지의 권유로 인도양 항로(레위니옹 섬)로 '강제 유학'을 떠나게 된다. 이때 경험한 이국적 풍경과 색채, 감각적 경험은 보들레르 시 세계에 깊은 영감을 남겼지만 그는 결국 프랑스로 돌아오게 된다.

1842년-1844년 성년이 되어 친아버지의 유산인 금화 10만 프랑을 받게 되지만 2년 만에 재산의 절반을 탕진한다. 이 무렵, 매춘부인 잔 뒤발(Jeanne Duval)과 인연을 맺게 된다. 가족과의 갈등이 심화되고, 후견인 제도 아래 경제적 자율성을 상실하게 된다.

1845년 미술 평론서《1845년의 살롱(Salon de 1845)》이 출간되고, 예술비평가로 데뷔한다. 5월 경에는《예술가》지에《어느 크레올 부인에게》가 발표된다.

1846년 《1846년의 살롱(Salon de 1846)》 출간, 미술과 현대성 이론을 전개한다. 이 무렵에 오노레 드 발자크 등과 교류하게 된다.

1847년 《문학인들의 동인지》에 소설《라 팡파를로(La Fanfarlo)》를 발표하며 주요 문학활동을 본격화한다.

1848년 자유주의자들과 공화주의자들이 파리 시민들을 부추겨 촉발된 2월 혁명에 보들레르도 참여하며 일시적 정치 동요를 경험한다. 이 무렵에 자신의 정신적, 사상적 스승이라 여기는 에드거 앨런 포(Edgar Allan Poe)의 작품들을 번역하기 시작하고, 이는 프랑스 문학에 새로운 영향을 주게 된다. 잔 뒤발과의 여전한 관계에서도 점점 고독감이 커져감을 느끼며 괴로워하기도 한다. 동시에 물질적인 어려움, 신체적 고통은 그를 더 고통스럽게 하지만, 그와 동시에 문학적 집필(시, 평론, 번역)에 전념한다.

1849년 테오필 고티에와 친분을 쌓는다.

1851-1857년 어머니, 후견인은 법원에 의해 보들레르에 대한 재정·생활 통제를 강화(금치산 선언)하게 된다. 그는 가난과 사회적 소외 속에서 시집 《악의 꽃 (Les Fleurs du Mal)》을 준비하며 끊임없이 집필을 이어간다. 1855년부터 《악의 꽃》의 핵심 시편 다수가 잡지 등에 실리면서, 본격적인 시집 출간 작업이 가속화된다.

1857년 의붓아버지 오피크 장군이 사망한다. 6월에 《악의 꽃》 초판을 출간하게 된다. 그러나 출간 후 프랑스정부로부터 외설, 신성모독 혐의로 기소를 당한다. 인간의 욕망, 쾌락, 금기, 마약 등 당시 사회가 터부시하던 주제를 노골적으로 다뤘기 때문이다. 검찰은 "공중도덕과 종교 심기를 해친다"며 시집 내 6편의 시를 '외설적이고 부도덕한 표현'으로 꼽았다. 이후 법원은 6편의 시를 삭제하도록 명령하고 보들레르와 출판인에게 벌금형을 선고했다. 그러나 당대 거장인 빅토르 위고 등은 보들레르를 적극 옹호했고, 법의 판결에도 불구하고 이 시집은 곧 프랑스 현대시의 새 지평을 연 작품으로 여겨지며 유럽 전역 문단에 폭발적인 영향을 미치게 된다.

1858-1859년 보들레르는 불안정한 심리와 지속되는 건강 악화, 경제적 곤궁으로 방황하는 시기를 보내게 된다. 동거하던 연인 잔 뒤발이 중풍으로 반신불수가 되자, 그녀를 돌보기도 한다.

1860년 환각의 체험을 예술적으로 탐구한 에세이 《인공낙원(Les Paradis artificiels)》 출간, 인간 심리의 심연과 예술의 경계에 도전하는 한편, 번역 및 비평활동도 이어간다.

1861년 기존 시들에 새로운 작품들을 추가해 《악의 꽃》 2판을 내놓지만, 사회적 반응은 엇갈린다. 문단의 공식적 인정을 받고자 프랑스 최고 문예 기관에 도전하지만 비평가들의 강한 반대에 부딪혀 포기한다.

1862-1863년 보들레르는 《파리의 우울(Le Spleen de Paris)》 등 '산문시' 의 초석을 다지고, 일부 작품은 잡지에 발표한다. 도시의 우울, 불안, 일상과 예술의 경계가 어우러진 독특한 형식 실험을 지속하게 된다. 또한 《현대 생활 의 화가(Le Peintre de la Vie Moderne)》(1863)에서는 파리 도시문명의 변 화, 모더니티에 대한 자신만의 통찰을 제시하며 미술평론의 새로운 장을 연다.

1864년 가난과 빚, 파리 문단에서의 고립에 시달리던 보들레르는 새로운 기 회를 모색하며 1864년 벨기에 브뤼셀로 이주한다. '강연, 저술, 출판' 등을 통 해 경제적 위기를 타개하고자 했으나, 현지 출판계와 대중은 보들레르의 기대 에 냉담하게 반응하였고 이후 그는 벨기에를 증오하게 된다.

1865-1866년 매독으로 인한 신경계 질환(중풍, 마비 등)이 심해져 집필 활동 에 큰 지장을 받기 시작한다. 1866년 브뤼셀에서 뇌졸중에 걸려 쓰러졌고 이 로 인해 그는 반신불수와 심각한 실어증을 겪게 된다.

1867년 브뤼셀에서 파리로 돌아온 보들레르는 중환자 상태로 마지막 시간을 보내게 된다. 그는 1867년 8월 31일, 46세의 나이로 파리에서 생을 마감했으 며 몽파르나스 묘지에 안장되었다. 사망 당시까지도 경제적 궁핍과 사회적 고 립 속에 있었지만, 그의 작품과 영향력은 시간이 흐를수록 전 유럽 문학과 예 술에 심대한 영향을 남기게 된다.

Charles Baudelaire portrait by Carjat (ca. 1865)

1866년 뇌졸중을 겪기 전 상태에서 촬영된 마지막 공식 초상으로 망토의 어두운 색감과 집중된 시선이 그의 정신적 고통, 시인의 숙명적인 분위기를 깊이있게 보여준다.

악의 꽃

초판 1쇄 발행 2025년 8월 8일

지은이   샤를 보들레르
옮긴이   박효은
펴낸이   김하은
펴낸곳   청담출판사
팩스   +82 02-6442-0616
이메일   contact@cdpublishing.kr
출판등록 2023. 11. 28 제 2023-000360호
ISBN   979-11-988866-3-7 03860